LA

NOTION DE SUJET DE DROIT

CARACTÈRE ET CONSÉQUENCES

IMPRIMERIE
CONTANT-LAGUERRE
LUX VITA
BAR-LE-DUC

LA

NOTION DE SUJET DE DROIT

CARACTÈRE ET CONSÉQUENCES

PAR

RENÉ DEMOGUE

PROFESSEUR A LA FACULTÉ DE DROIT DE L'UNIVERSITÉ DE LILLE

(Extrait de la *Revue trimestrielle de droit civil*, n° 3, 1909)

LIBRAIRIE
DE LA SOCIÉTÉ DU RECUEIL J.-B. SIREY ET DU JOURNAL DU PALAIS
Ancienne Maison L. LAROSE & FORCEL
22, *Rue Soufflot*, *PARIS*, 5e *arrond.*
L. LAROSE & L. TENIN, Directeurs

1909

LA

NOTION DE SUJET DE DROIT

CARACTÈRES ET CONSÉQUENCES(1)

Par M. René Demogue,

Professeur à la Faculté de droit de l'Université de Lille.

Quand un droit existe, ou, pour employer les formules préconisées par M. Duguit dans ces dernières années, quand une certaine situation de fait ou une certaine action est conforme à la règle de droit, pour préciser l'état de choses qui pourra légalement se présenter ou se continuer, pour fixer cette situation juridique et les conséquences qu'elle comporte, il est nécessaire de se placer successivement à divers points de vue.

Il faut d'abord déterminer le contenu du droit : ces séries de faits qui pourront se produire ou se continuer avec l'aide et la protection de la force publique. Il faut examiner aussi quelles personnes vont pouvoir se trouver mêlées directement à ces faits. Ainsi envisagées de façon abstraite, qu'on les nomme débiteurs ou créanciers, possesseurs ou revendiquants, propriétaires, voisins, associés, etc., elles sont dans une certaine situation commune; mais il est cependant utile d'indiquer les groupes principaux qu'elles peuvent former : le groupe de ceux qui auront ordinairement une situation avantageuse à leurs

(1) Cet article est un chapitre d'un ouvrage en préparation sur *Les principes du droit qui dominent la théorie des obligations.*

yeux, le groupe de ceux qui auront au contraire une situation désavantageuse.

Les premiers sont plus spécialement désignés sous le nom de sujets de droit, bien que ce terme puisse désigner aussi ceux qui ont une situation juridique désavantageuse, comme un débiteur.

Quand on désire être tout à fait précis et opposer nettement ces deux classes de sujets l'une à l'autre, on appelle ordinairement les premiers, sujets actifs et les seconds, sujets passifs, et c'est entre eux que les rapports de droit existent. Toute la technique actuelle du droit consiste donc non pas à qualifier tel acte licite pour telle personne, mais à qualifier certains êtres de sujets de droit et à les représenter comme liés les uns aux autres par des rapports de droit dont ils sont bénéficiaires, ou qui pèsent sur eux, qui leur permettent certains actes, ou leur en défendent d'autres, ou encore les obligent à une certaine manière d'agir. La théorie des sujets de droits est donc des plus importantes, comme étant une des bases essentielles des constructions juridiques traditionnelles. Longtemps on n'a même pas songé à en discuter le bien fondé.

Mais depuis quelques années, il en est autrement, et cela donne à notre étude de la question un intérêt particulier.

La théorie du sujet de droit (1) est aujourd'hui vigoureusement attaquée par M. Duguit (2). D'après lui, si souvent, en fait, une situation juridique subjective se présente comme un rapport entre deux sujets, dans la vie des sociétés modernes apparaissent fréquemment des situations qui doivent être juridiquement protégées et qui ne peuvent aucunement se ramener à un rapport entre deux sujets. Il est inutile, pour expliquer que ces situations sont juridiquement protégées, de supposer l'existence de ces sujets et de dire : si cette situation est protégée, il y a des sujets de droit. Il faut expliquer tout sans hypothèse et sans fiction. « Toutes les fois qu'il y a un acte de volonté individuelle déterminé par un but de solidarité sociale, il naît, pour une certaine autre volonté, le pouvoir d'assurer la réalisation de ce

(1) V. l'exposé de cette théorie sous sa forme traditionnelle dans le *Traité* de M. Planiol, t. I, p. 674, 4e éd.

(2) V. *L'Etat, le droit objectif et la loi positive*, p. 174 et suiv. Cf. *Le droit social, le droit individuel*, p. 17, où il qualifie de métaphysique et de scolastique la notion de droit subjectif.

résultat, il naît, pour une certaine autre volonté, le droit de ne rien faire s'opposant à la réalisation de ce résultat et, si cela se peut, d'y travailler activement; il naît pour le gouvernant, s'il existe, le devoir d'employer la force à l'obtention du but qui a déterminé l'acte de volonté ».

Malgré la valeur de cette théorie, la trace qu'elle laissera certainement dans l'histoire des idées juridiques, nous ne croyons pas pouvoir l'accepter. Nous pensons qu'il y a dans la notion de sujet de droit au moins un vocable commode et nous allons chercher à l'examiner et à l'apprécier.

La théorie du sujet de droit est, nous l'avons vu, d'une importance incontestable, puisqu'il s'agit d'une des bases de la technique juridique, la science ayant construit tout son système de règles sur la base de la personnalité, tous les rapports sociaux étant analysés en des droits, et tous ces droits rattachés à des personnes comme sujets(1).

Qui peut être sujet de droit? C'est là une question en apparence des plus simples et en réalité très incertaine, surtout au point de vue de la solution recommandable, et compliquée encore par ce fait qu'on la passe le plus souvent sous silence et qu'on lui donne des solutions qui peuvent être mauvaises, presque sans y prendre garde.

En effet la détermination des titulaires des droits subjectifs a varié. Longtemps, comme dans l'antiquité, on a vu la qualité de sujet de droit comme étant une prérogative des hommes libres, l'esclave n'était pas titulaire des droits du moins en général. Aujourd'hui, l'esclavage ayant disparu, on admet que tout homme est sujet de droit depuis l'époque de sa conception jusqu'à sa mort. Mais à côté de l'homme qui paraît le sujet juridique par excellence, on en admet d'autres : les personnes morales, ou personnes juridiques, êtres dépourvus d'existence physique, mais non de l'aptitude à avoir des droits ou des obligations. Ce sont des collectivités ou des établissements qui peuvent acquérir les droits du patrimoine et participer à la vie juridique comme les hommes eux-mêmes(2). Seulement, ici, il faut noter que les choses n'ont pas été toutes seules, qu'elles vont ainsi de moins en moins. Tant qu'il s'agit des hommes, on est

1) V. un exposé très net des théories à ce sujet dans Capitant, *Introduction à l'étude du droit civil*, p. 51 et s., 1re éd.

(2) V. Hauriou, *La personnalité comme élément de la réalité sociale*, *Revue générale de droit*, 1898, p. 6.

d'accord, on a un être matériel sur lequel se repose la pensée. Mais pour les corporations ou surtout les fondations, les vues un peu matérialistes du droit ne peuvent plus s'appliquer, le point d'appui est flottant, incertain. De là les fameuses controverses sur la nature de la personnalité morale, qui n'ont pas encore pris fin.

Si nous cherchons à apprécier cette théorie technique, rien mieux que cette conception étroite ne caractérise cet esprit un peu terre à terre qui a tant dominé le droit. On a pris le cas le plus simple qui s'est présenté à l'esprit : l'homme sujet de droit, et on a généralisé cette idée. Heureusement on a admis que tout homme avait cette qualité. Mais on a aussitôt limité cette théorie, en disant que l'homme vivant seul est sujet de droit.

On en a conclu logiquement que les morts n'ont aucune qualité juridique, tout appartenant aux vivants, et que d'autre part, les êtres futurs, toutes ces générations qui nous suivront et pour lesquelles nous nous sentons le devoir de travailler n'ont elles-mêmes aucune personnalité, du moins pour le moment.

On a admis de même que le sujet de droit ne pouvait être qu'une personne nommément déterminée et la jurisprudence a interdit soit les legs en faveur de ces personnes indéterminées, soit les stipulations pour des tiers non précisés (1). L'idée de sujet de droit a donc été matérialisée, rendue palpable et en même temps rétrécie autant que le comportait la théorie des « Droits de l'homme », qui nous domine encore en toute cette matière.

On a simplement admis à la personnalité juridique des seuls hommes vivants deux dérogations : la capacité des enfants simplements conçus et la personnalité morale. Et encore cette seconde solution a-t-elle été considérée longtemps, sous l'influence de Savigny, comme dérivant d'une fiction. Et en a-t-on profité pour la limiter, disant que toute fiction est de droit étroit, qu'elle suppose donc une volonté de l'autorité pour personnifier et qu'elle dure seulement autant que cette volonté. C'est seulement à une époque récente que cette théorie rigide, claire et droite comme tant de choses du début du XIXe siècle, adoptée depuis longtemps par tous les auteurs, a été battue en brèche, que l'on a vu défendre la théorie des droits sans sujet de Brinz, celle de la copropriété

(1) V. Lambert, *Stipulation pour autrui.*

des associés de Vareilles-Sommières, celle de M. Planiol (1) et de M. Berthélemy d'une propriété collective, d'un bien possédé par un groupe de personnes envisagé comme n'étant qu'un, la théorie de Gierke de la réalité de la personne morale (2).

Nous avons là, dans la théorie de la personnalité fiction, une de ces conceptions hâtives, sans racine profonde, dont on tire ensuite des conséquences brutales et qui cependant a dominé l'esprit des jurisconsultes pendant une grande partie du XIXe siècle.

Cherchons, après cet exposé très rapide d'idées qui sont bien connues, à pénétrer davantage, s'il est possible, dans les difficultés à résoudre et pour cela, essayons d'abord de placer le débat sur un terrain solide qui lui convienne et ne partons pas de simples affirmations pour en tirer des déductions à perte de vue, sans souci de la finalité de toutes les théories juridiques.

Se demander qui est sujet de droit, c'est implicitement se poser la question : dans quel but existe le droit (3)? Comme le dit Bernatzik, tout le contenu de la définition du sujet de droit est renfermé dans la définition du droit subjectif. D'autre part, c'est aussi se poser la question de savoir quelle peut être la nature des droits et si cette nature n'exclut pas certains sujets de droit dans des cas déterminés. Et ceci va nous amener plus loin à distinguer, parmi les sujets de droit, deux catégories : les sujets de jouissance et les sujets de disposition.

I

Si nous envisageons le but du droit même de la façon la plus terre à terre, nous dirons tout au moins : la règle de droit a pour dernière fin d'assurer certaines jouissances matérielles ou morales. Le droit a pour but de conférer certains avantages à des hommes, les uns par rapport aux autres. Et par suite, dans la grande controverse sur la notion du droit, pour savoir si ce qui est essentiel en lui est le côté volonté ou le côté intérêt (4), nous dirons :

Le droit a pour mission de protéger un intérêt et non

(1) V. l'exposé sommaire de cette théorie dans Planiol, t. I, n° 675, 1re éd.

(2) V. un exposé plus développé dans Michoud, *La théorie de la personnalité morale*, p. 39 et s.

(3) C'est ce qu'a très bien montré Bernatzik, *Kritische Studien über den Begriff des Juristichen Person. Archiv. für offentlich. Recht*, 1890, p. 159 et s.

(4) V. sur cette controverse en général, Bernatzik, *op. cit.*, p. 193.

pas une volonté. Comme le dit M. E. Picard[1], la volonté est nécessaire tout au plus, pour la mise en œuvre du droit.

Sans doute, pendant très longtemps, surtout en France, le droit a été considéré comme se rattachant à la volonté. M. Michoud, dans ses fortes études sur la personnalité morale, place bien au premier rang dans l'analyse du droit l'intérêt protégé. Cependant, il fait de la volonté dans le droit un élément essentiel : elle ne peut être complètement absente. On ne peut, d'après lui, se contenter de dire, avec Ihering, que le droit est un intérêt juridiquement protégé. Il y a des intérêts répondant à cette définition qui ne sont pas élevés à la dignité de droits : ce sont les droits reflets, auxquels manque une volonté à qui la puissance soit donnée de réaliser ou de ne pas réaliser le droit suivant son bon plaisir, qui soit chargée de le défendre si on l'attaque, et de faire les actes nécessaires à son exercice ; en un mot, une volonté qui les représente. Telle est la situation d'un fabricant qui profite d'impôts sur des produits similaires.

Tant que la loi ne reconnaît pas une volonté de cette nature, elle ne protège l'intérêt que d'une façon indirecte, elle ne le protège pas pour lui-même, mais en considération d'un autre intérêt général ou particulier. On ne peut pas dire qu'elle voit dans ce cas, dans l'ensemble des êtres intéressés plus ou moins directement au but qu'elle vise, une personne juridique, parce que ces êtres ne peuvent ni par eux-mêmes, ni par leurs représentants, invoquer la protection légale[2].

M. Hauriou avait peu d'années auparavant adopté cette manière de voir et il a très nettement exposé[3] que le droit ne s'attache qu'à cette manifestation du moi raisonnable : la volonté. Bien que celle-ci n'ait pas au point de vue phénoménal une continuité et une unité complète, par une œuvre en partie factice, mais composée avec des éléments subjectifs réels, on arrive à déduire de la volonté la notion de la personnalité juridique. Le droit, dit encore M. Geouffre de la Pradelle, est une faculté d'agir qui commande nécessairement un sujet qui a cette faculté[4]. Et M. Duguit, malgré toutes les nouveautés qu'il propose et son hostilité contre les sujets de droit, voit encore dans la volonté l'essentiel

(1) *Pand. belges*, t. II, *Introduction*, p. XIX.

(2) *Personnes morales*, p. 104.

(3) *De la personnalité comme élément de la réalité sociale*, *Revue générale de droit*, 1898, p. 5 et 119. V. spécialement, p. 19.

(4) *Des fondations*, p. 429.

du droit. Le droit subjectif, dit-il, peut avoir pour support un intérêt, mais cet intérêt ne peut constituer un droit que lorsqu'il est voulu, et un droit seulement au profit de la personne qui le veut. L'essence du droit subjectif est bien un pouvoir de volonté : un *Wollendürfen*, un *Wollenkönnen*, comme disent les Allemands (1). Il admet que « le droit est un intérêt voulu par la personne même bénéficiaire de cet intérêt ».

Cette théorie présente l'inconvénient de rendre très difficile la reconnaissance d'un droit là où il n'y a pas de volonté. Aussi Bierling (2), après avoir mis au premier rang la volonté, arrive à reconnaître que les fous sont des personnes demi-fictives, qu'il y a un grand pas à faire, pour ceux qui sont habitués à voir dans le droit des rapports d'homme à homme, quand il s'agit de passer à l'idée de personnes morales, celles-ci étant en somme des personnes fictives. Il n'y a qu'un moyen d'échapper à ce résultat qui aboutit à reconnaître qu'il n'y a pas unité dans la conception de sujets de droit, que certains ont une volonté interne, si l'on peut dire, tandis que d'autres ont une volonté externe, c'est de se réfugier sur un autre terrain en se contentant d'une volonté potentielle, ce qui aboutit à se contenter d'une capacité de volonté nulle (3). Mais alors, remarquons-le bien, car ceci est capital, la base de la théorie s'écroule, puisque la volonté cesse d'être essentielle.

Bekker, un des premiers, s'est dégagé de cette conception (4); il a distingué dans le droit la jouissance et le droit de disposition. Et d'après lui, pour être sujet de droit, la première chose, c'est l'aptitude à jouir d'une chose. Il suffit, en outre, soit d'avoir personnellement une volonté, soit dans le cas contraire qu'il y ait une autre volonté pour vouloir à votre place. Nous ne devons pas, dit-il, exiger de celui qui a la jouissance d'une bien autre chose que de pouvoir en jouir et non pas la capacité de vouloir ou de contracter, en un mot le caractère d'être humain. Je puis aussi faire valoir comme sujets de droit des animaux, des choses inanimées, comme des œuvres d'art. Ce que je nomme jouissance (Genuss) pouvait déjà s'attacher en partie à de telles choses, mais la protection était indirecte, la disposition n'y arrivait que par un détour. La condition et le modus étaient les

(1) *Le droit social, le droit individuel*, p. 15.
(2) *Juristiche Prinzipienlehre*, t. I, p. 220 et 221.
(3) V. Bernatzik, p. 195.
(4) *Zur Lehre vom Rechtssubjekt, Jahrbuch für Dogmatik*, t. XII, p. 1.

moyens reconnus jusqu'ici. Mais nous pouvons aujourd'hui nous passer de ces procédés. Pourquoi ne puis-je dans un testament donner tant pour un cheval, pour des chats, pour une statue (1)?

Ihering avait adopté la même manière de voir (2) : « Le véritable ayant droit, dit-il, est celui qui peut prétendre, non à vouloir, mais à profiter. La volonté peut à la rigueur être dévolue à un tiers, elle peut être paralysée ; l'utilité réelle ne peut se remettre à un tiers sans que le droit lui-même soit atteint. Le sujet du droit, c'est celui auquel la loi destine l'utilité du droit, le destinataire ; la mission du droit n'est autre que de lui garantir cette utilité » ... La volonté n'est point le but et la force motrice des droits. « Deux éléments constituent le principe du droit ; l'un substantiel dans lequel réside le but pratique du droit et qui est l'utilité, l'avantage, le gain assuré par le droit, l'autre formel qui se rapporte à ce but uniquement comme moyen, à savoir la protection du droit, l'action en justice. Celui-là est le fruit dont celui-ci est l'enveloppe protectrice... La sûreté juridique de la jouissance est la base du principe du droit. *Les droits sont des intérêts juridiquement protégés* ».

Ce qu'il y a d'essentiel dans le droit, c'est donc son utilité. Les mêmes idées ont été indiquées, mais de façon plus obscure, par Leonhard (3). Pour être un sujet de droit, il n'y a besoin, dit-il, ni d'une volonté (furiosus), ni d'une aptitude d'esprit, ni de l'aptitude à la jouissance, ni d'une capacité d'activité ou de sentiment, mais seulement de la capacité d'avoir des besoins qui peuvent être protégés par la loi. Le droit subjectif est un pur état, quelque chose de passif. L'expression « avoir un droit » n'est pas complètement exacte. On devrait dire plutôt « être dans un droit ». Il y a simplement des actes à faire pour l'exercice du droit qui seront faits par le sujet lui-même, ou par un représentant approprié, etc. La personnalité morale est l'état durable de la gestion d'une masse de biens.

Le droit existe donc pour donner une satisfaction, procurer

(1) P. 26. De même, Bocking, *Pandekten*, 2e éd., t. I, p. 231, Canstein, dans la *Grünhut's Zeitschrift* (1882), ont accepté les animaux et les êtres inanimés comme sujets de droit.

(2) *Esprit du droit romain*, trad. Meulenaere, t. IV, p. 323. Cf. Picard, *Le droit pur*, 1re éd., p. 82.

(3) *Ein Beitrag zu allgem. Civilrechtslehre, Grünhut's Zeitschrift*, 1883, p. 26 et 28.

un plaisir, épargner une douleur : il poursuit une fin matérielle, faire vivre les hommes, mais aussi et surtout une fin psychologique, ce qui atteint déjà notablement son exactitude et sa précision.

Le droit apparaît, à raison de cette première remarque, comme n'étant qu'imparfaitement adapté à sa fin. La satisfaction, la douleur sont des faits qui varient suivant les individus, les temps, les pays, qui peuvent bien être déterminés, prévus par la spychologie, mais d'une façon encore rudimentaire, qui restera toujours approximative : le droit conféré ne frappe donc le but qu'à peu près ; il y a des coups manqués, s'il y a nombre de coups réussis. Et il en sera toujours ainsi.

La théorie de Ihering appelle encore une seconde précision. Ce jurisconsulte de génie a conçu toutes choses de façon un peu trop matérielle, et son livre le « Zweck im Recht », fondant toute la société sur l'égoïsme, en est la preuve ; cela l'a amené à négliger ici certaines répercussions de droit. Or il est certain qu'une personne peut se proposer comme but une chose qui sera agréable à un tiers, et cela de la façon la plus palpable, la plus facile à prévoir (supposez-le du moins pour plus de simplicité). Je puis stipuler pour autrui par pure sympathie, par intérêt moral. Le droit va poursuivre deux buts successifs, l'un dans la personne du tiers, qui sera un but moyen, l'autre en la personne du stipulant, qui sera le but final. La théorie du sujet de droit se trouvera par là-même compliquée.

Ce cas n'est qu'un acheminement vers un autre. Le droit poursuit un but, et c'est là qu'Ihering voit son trait essentiel. Mais en même temps il atteint des résultats, non seulement chez celui qui en bénéficie le plus directement, ce qui ne présente pas d'intérêt spécial, mais chez ceux qui s'intéressent à cet ordre de choses. Ceux-ci sont pratiquement dans une certaine mesure les bénéficiaires d'un certain état de fait juridiquement protégé. Quand un ouvrier que je connais obtient une pension de retraite ou fait un héritage, je m'en réjouis pour lui et, en un certain sens, je suis bénéficiaire de son droit : je m'irriterai si l'héritage lui est injustement contesté. Je participerai donc en un sens à son droit et suffisamment peut-être pour que je puisse en être non un titulaire, mais un cotitulaire, quand même ce ne serait qu'en seconde ou en troisième ligne, dans une zone déjà estompée. La notion de droit, prenant pour pivot la satisfaction d'un intérêt, élément psychologique complexe, à répercussion lointaine et non plus la volonté, pièce plus anguleuse, plus nette, se complique donc, quand il faut établir la liste de ceux qui ont un droit dans un cas donné. Il est vrai qu'il y a une limitation : pour être sujet d'un droit, il faut que la loi vous destine l'utilité du droit. Et une volonté spéciale, la volonté du législateur, va tout déterminer. Mais sans insister sur ce que présente ici de notable la théorie en faisant rentrer une certaine volonté dans la notion de droit, constatons que le cercle des destinataires peut encore être très large et comprendre, comme je le disais, plusieurs séries successives de personnes.

Cette manière de voir, du moins, conduit à une solution simple en ce qui concerne les sujets de droit. Étant donné que le but du droit est la satisfaction, le plaisir, tout être vivant qui a des facultés émotionnelles, et lui seul, est apte à être sujet de droit, que la raison lui manque de façon définitive ou temporaire. L'enfant, le fou curable ou incurable peuvent être sujets de droit, car ils peuvent souffrir. L'animal même peut l'être, il peut se trouver bénéficiaire d'un legs, ayant comme nous des réactions psychiques douloureuses ou agréables (1).

J'indiquerai même à ce point de vue, ne voulant pas y insister, qu'envisagé de cette façon, le droit apparaît comme une chose infiniment belle, comme étant en quelque sorte la communion, le terrain de rapprochement (aussi de luttes, hélas !) de ceux qui peuvent souffrir. Le droit apparaît comme un immense syndicat de luttes contre les souffrances, entre tous les êtres qui sont pitoyables, parce qu'il peut leur être fait du mal, beaucoup de mal, bien qu'ils soient souvent, par la force même des choses, les artisans de leurs propres malheurs. Le droit, cette chose tout intellectuelle en apparence, attire donc par les attaches très étroites qu'il a, dans son but, avec les facultés émotionnelles.

Mais si le sujet de jouissance est susceptible d'une conception si large, le sujet de disposition, d'exercice est infiniment plus limité, puisqu'il ne peut comprendre que les personnes aptes à faire raisonnablement des actes juridiques. Il se renferme dans le cercle des personnes appartenant à l'humanité raisonnable. Ce qui exclut le fou, l'idiot, l'enfant en bas âge, et, à plus forte raison, l'animal. Seulement, il convient de remarquer qu'une chose vient compliquer, du moins en apparence, cette distinc-

(1) V. des tendances de ce genre dans Picard, *Le droit pur*, 1re éd., p. 89.

tion : la disposition d'un droit en est, en somme, partiellement une jouissance : le plaisir, d'après la théorie classique, résultant d'une dépense normale d'activité, celui-ci peut se présenter aussi bien dans la direction des affaires d'autrui, que dans la jouissance d'avantages propres. Il y a plus de bonheur pour certaines personnes, à gérer les affaires d'autrui, à prendre pour elles-mêmes une autorité, à assumer certains mandats même purement honorifiques, à prendre des responsabilités, à lutter pour développer un patrimoine, qu'à jouir paisiblement des biens acquis. Il faut donc dire, pour être exact, qu'il y a deux catégories de sujets de droit : les sujets de jouissance proprement dits, qui peuvent s'étendre au delà de l'humanité, à tout être capable de souffrir, et les sujets de disposition jouissance, lesquels se limitent à l'humanité raisonnable ou présumée telle.

Restent donc exclus de l'aptitude à être sujets de jouissance les seuls objets inanimés qui sont incapables de souffrir. Il sera donc impossible, dans cette théorie, de faire un legs, dont le revenu sera affecté à la conservation de tel monument historique et qui passera successivement aux divers propriétaires de l'immeuble, pour être employé de la manière indiquée. Du moins cela sera impossible sous une forme directe en disant que le legs sera recueilli par l'immeuble même, y sera attaché, comme une servitude l'est au fonds dominant. On ne pourra y parvenir que par des procédés compliqués de legs avec charge qui ne donneront pas complète satisfaction dans toutes les hypothèses possibles, notamment en cas de mauvaises affaires du propriétaire. Constatons qu'il y a là quelque chose de choquant : non pas si le testateur attachait à un immeuble quelconque une valeur d'affection exagérée, ou qui serait un désir de faire se survivre perpétuellement sa volonté, mais si ce bien présente une valeur d'art que tous sans doute ne comprendront pas, que certains du moins seront capables de savoir et d'apprécier.

II

Nous venons ainsi de creuser un peu cette notion de sujet de droit, en la faisant dériver directement du but du droit. Mais le terrain sur lequel nous avons tenu à nous placer tout d'abord est-il véritablement le meilleur? Je ne le crois pas. Le problème ici n'est pas un problème portant sur le fond du droit, c'est-à-dire sur les avantages qu'il est souhaitable de reconnaître dans telles et telles circonstances à un être, en le qualifiant sujet de droit. La question ainsi présentée est exactement inverse de celle qui doit être posée. Il s'agit en effet de savoir, étant donné des résultats qui nous semblent raisonnables, quels sont les principes qui peuvent les expliquer tous et dont probablement pour l'avenir on pourra, pour les cas auxquels nous ne songeons pas, tirer des déductions qui paraîtront heureuses, sauf d'ailleurs à les modifier et à modifier ensuite la construction technique, si cela paraît plus conforme au classement donné aux divers intérêts en présence. Autrement dit le problème est de pure technique juridique(1).

C'est une idée que les jurisconsultes allemands ont déjà indiquée, mais sans l'avoir utilisée comme il convenait. Windscheid a déjà remarqué que « le sentiment recherche pour les droits un sujet et le trouve dans une personne créée par une opération de la pensée. Par ce moyen un besoin de la technique juridique est satisfait, d'après lequel il est seulement possible de donner une expression unifiée aux situations juridiques en regardant si les droits appartiennent à un sujet (2) ». Karlowa a dit de même que notre esprit appelle quelque chose où le bien puisse trouver un point d'appui(3).

1) C'est ce que M. Michoud a excellemment montré. V. *La théorie de la personnalité morale*, p. 8 et 108, note 1. M. Gény, *Méthodes d'interprétation du droit privé positif*, a écrit de façon très analogue, n. 65, p. 122 :
« On a pu dire que tout droit implique un sujet (j'entends un sujet actif), qui ne peut être qu'une personne. Et cette conception a permis d'édifier sur la substance et le rôle du sujet juridique toute une théorie qui non seulement éclaire les dispositions de la loi, mais encore permet d'en combler utilement les lacunes. Tant que cette théorie, fidèle à son origine, conserve le caractère d'une construction subjective, sujette à revision et toujours dominée dans son application aux faits par les éléments naturels qui l'ont suggéré, je n'ai rien à y reprendre.
« Mais notre dogmatique la présente sous un aspect bien différent. Elle tient pour objectivement nécessaire ce principe *a priori* que tout droit implique à titre de support sans lequel il ne saurait subsister une personne actuellement existante ».
M. Hauriou, dans son *Etude sur la personnalité comme élément de la réalité sociale*, *Revue générale de droit*, 1898, spécialement p. 21, s'est beaucoup rapproché de cette théorie en constatant que la personnalité était quelque chose de factice, que c'était un moyen pour concilier le social et l'individuel, pour assurer la continuité dans les relations juridiques qui est indispensable à la sécurité.

(2) *Pandekten*, 6e éd., t. I, p. 222, § 49.

(3) *Grünhüt's Zeitschrift*, XV. *Zur Lehre von den juristichen Personen*, p. 390.

Comment se fait-il alors que la question a été si souvent envisagée différemment? D'où vient cette erreur que nous croyons discerner chez nombre d'auteurs? Cela tient à ce que, malgré tous les efforts, il n'est pas facile, peut-être même pas possible, d'établir une cloison étanche entre le fond du droit et la technique : on prend souvent pour des problèmes tenant au premier ce qui ne relève que de cette dernière partie de la science; les idées techniques agissent en effet à la façon d'idées-forces; au lieu d'être de simples idées de coordination et de solution provisoire, elles deviennent facilement des principes qu'on n'ose plus discuter.

Ensuite il s'est mêlé ici une question d'ordre moral. La conception de sujet de droit a suivi assez fidèlement les idées morales ou sociales qui ont successivement régné. Cette qualité est apparue comme une sorte de dignité qu'il ne fallait pas conférer à la légère. Dans l'antiquité, l'esclave n'était pas complètement sujet de droit. Par contre, les dieux étaient considérés comme personnes (1), ce qui s'expliquait d'ailleurs assez bien avec l'anthropomorphisme qui dominait toute la mythologie grecque et romaine. Le christianisme modifia ces idées, admit tout homme à ce titre de sujet de droit, mais il penchait à étendre cette qualité à Dieu, aux saints et même aux anges (2). Et même, dit Bernatzick, de nombreux écrivains du droit ecclésiastique, jusqu'à l'époque la plus récente, tiennent à l'idée d'une propriété divine des biens d'Église, bien qu'ils présentent aujourd'hui cette conception comme un privilège de la société chrétienne, ce qui n'est au fond qu'une conception spéciale, mais obscure et inconsciente, de la qualité de sujet de droit. Au XIXe siècle, en France, tout homme et l'homme seul en principe (les personnes morales étant réputées fictions) est sujet de droit. Cela se sent de la Déclaration des droits de l'homme. Les hommes maîtres de la nature, des animaux et des choses, réglant entre eux leur souveraineté, sont seuls sujets de droit.

Il y a d'ailleurs autre chose dans cette conception, et ici nous touchons à son rôle d'idée-force. C'est un désir de sécurité. La Déclaration des droits de l'homme est la charte de la sécurité individuelle. Reconnaître que tout homme est sujet de droit, c'est faire pénétrer le droit en sa personne, de sorte qu'il soit sa chose, qu'il soit en lui, qu'il fasse corps avec lui et, par suite,

(1) V. Savigny, *Droit romain*, t. II, p. 246; Bernatzik, *op. cit.*, p. 256.
(2) V. Geouffre de Lapradelle, *Fondations*, p. 34 et les auteurs cités; Heusler, *Institutes*, t. I, p. 314.

ne puisse lui être arraché. C'est, par une image, affirmer l'inviolabilité du droit, l'impossibilité pour la société d'y porter atteinte; c'est, pour tout dire, faire œuvre individualiste. Or, cette sécurité et la liberté qu'elle donne, on la désirait pour tout homme aussi large que possible, au point que l'on arriva considérablement à restreindre les biens des personnes morales (comme le prouvent les aliénations de biens nationaux et la tentative de partage des biens communaux), où chacun des copropriétaires, ayant compagnon, a maître; mais inversement on ne la désirait que pour lui. Il y a donc au fond de tout cela une philosophie sociale nette, mais un peu étroite et une visée d'action : un but poursuivi de sécurité individuelle.

Si nous passions aux théories plus modernes soutenues par Bekker, n'y trouverions-nous pas au fond une idée philosophique? Qui sait si les idées préconisées en Allemagne ne sont pas sans quelque secrète affinité avec le panthéisme hégélien (1)?

Mais il faut renoncer à tous ces emprunts, conscients ou non, faits à la philosophie sociale régnante. Il s'agit simplement, étant donné la construction de notre esprit, qui a besoin d'ordre et de clarté, d'y classer des solutions et de créer un instrument, imparfait et dangereux d'ailleurs, de découverte, qui nous gardera du moins de la confusion ou de l'imprécision. Plus un intérêt ou un groupe d'intérêts nous semble digne d'être protégé, plus, dans certains cas, il sera utile de les ériger en patrimoines indépendants à titre de sujets de droit, ou de centres d'intérêts, pour employer une expression qui désigne un cas de demi-personnalité, dont nous parlerons plus loin.

En effet, donner, léguer, contracter en sorte qu'un animal soit convenablement soigné, qu'une œuvre d'art soit conservée et réparée, qu'un droit reste attaché à tel autre comme accessoire, cela a toujours été jugé souhaitable et en même temps déclaré possible sous la forme de la charge, cette clause si commode, dont on ne parle qu'à propos des actes juridiques gratuits, mais qui est susceptible d'être employée également dans les actes à titre onéreux. Cette charge, dont on se garde d'approfondir les effets pour les bénéficiaires, droit reflet ou droit véritable, permet d'arriver au résultat souhaité. Mais, si on en creuse la nature, deux conceptions seulement sont possibles. Ou bien

(1) Le lien de la conception de droit subjectif et de sujet de droit avec la philosophie de Hegel a d'ailleurs été montré à un autre point de vue par Bernatzik, *op. cit.*, p. 193 et par Jellinek, *System*, 2e éd., p. 42.

on y reconnaît un simple droit reflet[1] au profit d'un tiers, ce qui donne à celui-ci une sécurité insuffisante, car il n'y a pas d'action directe et personnelle pour en assurer le respect et il suffit de la négligence très possible de personnes qui ne sont pas matériellement intéressées à l'exécution de la charge, pour que celle-ci reste inexécutée. La mobilité de caractère du stipulant, la mauvaise volonté intéressée du débiteur peuvent donc annihiler ses espérances légitimes et le but poursuivi par celui qui a créé la charge est alors manqué. Ou bien, pour avoir une solution plus satisfaisante, on reconnaîtra aux bénéficiaires de la charge un droit subjectif, et alors nécessairement on en fait des sujets de droit; on peut tout au plus masquer cette idée en disant, dans certains cas, qu'une personne propriétaire du bien au profit duquel existe la charge est seule bénéficiaire du droit. Si, par exemple, je lègue une somme à charge qu'une partie du revenu servira à entretenir tel monument, on peut dire que le propriétaire est créancier de ce revenu. Mais ceci ne peut expliquer le cas où la charge est au profit de bénéficiaires à venir, dont on est ainsi obligé de faire de véritables sujets de droit, comme si l'on donne une somme pour fonder un prix annuel : les bénéficiaires se trouvant être à la fois des personnes actuelles et des personnes futures, il n'y a pas de droit subjectif au profit de personnes futures, donc pas d'obligations au profit de créanciers, semble-t-il, ou du moins on a une obligation, qui reste en quelque sorte en l'air, un débiteur sans créanciers, un lien de droit où on ne voit qu'une chose reliée. Viendra-t-on affirmer qu'il y a ici une obligation éventuelle, on montrera la difficulté sans la résoudre par cela même; car il s'agira précisément de savoir si ce droit éventuel quant à un de ses sujets ne marque pas une conception du sujet différente de celle admise communément. L'obstacle apparaîtrait encore plus net s'il s'agissait d'une fondation telle qu'elle dût profiter uniquement à des personnes qui ne sont pas actuellement conçues. Ensuite, si la fondation a pour but d'assurer la conservation d'un monument, comment donner à des personnes le droit de faire exécuter la charge, malgré celui qui en est débiteur, sans incliner à dire que ce monu-

(1) V. sur la nature de ces droits, Ihering, *Jahrbuch für Dogmatik*, t. X, p. 245 et s.; Romano, *La teoria dei diritti publici subjectivi*, dans Orlando, *Trattato di diritto amministrativo*, t. I, p. 123; Barthélemy, *Droit subjectif des administrés*, thèse de Toulouse, 1899, p. 16 et Michoud, *op. cit.*, p. 104, note 1.

ment, cette fondation sont une sorte de sujet de droit et que les tiers qui interviennent sont ses représentants? Tout cela concorde bien mal avec les idées posées comme principes.

N'arrive-t-on pas de façon plus complète à l'analyse des résultats souhaités par un autre moyen?

Si le débiteur de la charge devient insolvable, qu'arrive-t-il? La charge ne sera-t-elle pas oubliée ou son exécution compromise, limitée à une partie? N'y aura-t-il pas un danger à ce que celui qui sera le sujet de disposition ne se considère comme maître presque absolu? Tandis qu'étant simple administrateur du bien grevé de charge, il ne sera probablement pas moins diligent, s'il est naturellement zélé; sinon il sentirait qu'il y a pour lui obligation stricte de bien gérer.

Si nous avons un patrimoine indépendant avec un simple administrateur, ne pourra-t-on pas plus facilement admettre que les tribunaux interviendront dans la gestion de ces biens, si elle est mauvaise? Voilà un groupe de résultats souhaitables qui se déduiront facilement, quand on admettra qu'il y a un sujet de droit spécial pour un groupe de biens.

Alors, lorsque le droit se constitue, soit par la volonté de la loi, soit par la coutume, la jurisprudence ou la doctrine : ou tel but, telle destination donnée à des biens est simplement tolérée; alors, par une défaveur mitigée, mais réelle, on admettra qu'il y a ici une simple charge, avec les inconvénients que cela entraîne, la fragilité juridique qui en résulte. Ou bien une autorité sera chargée de décider si le but est assez important pour qu'il convienne d'établir un sujet de droit particulier. Ou enfin on jugera que telle catégorie d'intérêts mérite suffisamment protection pour admettre de plein droit qu'il y a un sujet de droit, sauf à voir comment organiser ici un sujet de disposition pour veiller à ce que le but soit atteint. En réalité donc, il est aussi inexact de dire que, dans tels cas, il n'y a pas de sujet de droit sans une règle légale pour le dire, que de parler de personnalité de plein droit. Les intérêts en jeu, leurs valeurs respectives détermineront seuls s'il convient de se montrer plus ou moins large. Mais il n'y a aucun obstacle tenant à la nature des choses, à des permanences juridiques abstraites, dont M. Picard a fait l'objet de son livre, *Le Droit pur* et dont M. Roguin nous a parlé dans *La Règle de droit.*

Ces idées données, nous sommes maintenant beaucoup mieux à même de discuter les idées exposées par Bernatzik et qui font le centre de son étude sur les sujets de droit. « Le sujet de droit, dit-il (1), est le support du but humain que l'organisation juridique régnante reconnaît comme but en lui-même, par cela qu'elle confère la force juridique à la volonté nécessaire à sa réalisation ». Ainsi le sujet de la volonté n'est pas sujet de droit, et le droit n'est pas un *Wollendürfen*. Et pareillement chaque sujet d'un but qui est protégé par l'organisation juridique n'est pas forcément un sujet de droit, même si l'usage de l'institution de droit correspondante lui est réservé. Il peut y avoir des intérêts juridiquement protégés qui ne sont pas des droits, parce que ceux qui ont ces intérêts n'ont aucune part à leur réalisation. Ils peuvent être juridiquement protégés dans le cas où l'impératif de la loi poursuit cette protection et l'atteint par ses organes. Il est surtout indispensable que la loi couvre de la puissance juridique une volonté qui réalise l'intérêt par sa propre activité. Si on maintient ce motif dans la conception de sujet de droit, on échappe aux conséquences de la définition de Ihering que Bekker a en partie tirées. Il est indifférent de savoir si une institution de droit veut protéger les intérêts de tel ou tel sujet, tant que l'organisation juridique ne reconnaît pas la volonté dont l'activité autonome est employée à la réalisation du but.

Il est clair, ajoute-t-il (2), pour les moins affinés, que l'impératif de la loi peut seulement entrer en activité pour la protection des intérêts humains. Cela est conditionné par notre nature et par l'égoïsme implanté en elle, qui défend de regarder les choses qui, d'après nos conceptions, servent à nos buts comme buts en eux-même (Selbstzwecke).

Le souci d'une chose ou d'un animal sert seulement aux intérêts humains, si un intérêt public se mêle à leur réalisation, à en faire le substratum d'une fondation. Les animaux ou la chose ne sont pas alors une personne, c'est seulement le but de celle-ci que l'État a agréé.

Ce qu'il faut considérer comme exagération du but (3), c'est, comme le veulent certains, d'exclure la volonté de la conception du droit. Car avec ce système, les conceptions perdent leur importance propre, le droit et les intérêts se confondent, tous les in-

(1) *Kritische Studien über den Begriff der juristiche Person. Arch. für offentlich. Recht*, 1890, p. 233.
(2) *Op. cit.*, p. 256.
(3) P. 260.

térêts possibles deviennent sujets de droit. Les biens d'une fondation pour les étudiants seraient ceux de toutes les personnes présentes et futures qui rempliraient les conditions fondamentales exigées. La propriété d'un monument, d'un parc public serait à tous ceux qui peuvent en jouir. Les biens des hôpitaux seraient les biens des pauvres. Les sujets de droit pour un droit de douane protecteur seraient les fabricants protégés, mais aussi les ouvriers qui ont intérêt au maintien des fabriques, les industriels qui vivent du débit de leurs produits. Inutile de pousser plus loin l'impossibilité des conséquences. Les restrictions qu'Ihering veut introduire, par une définition du sujet de droit tenant compte de la visée qu'a eue le législateur, n'améliorent pas le résultat, car il y a de nombreux intérêts qui touchent de grands cercles de coparticipants, lesquels sont protégés par la loi, sans acquérir pour cela des droits. Comme Bruns (1) et Rosin le remarquent justement, l'État protège aussi les droits privés dans l'intérêt de son organisation juridique (Rechtsordnung). Un droit subjectif ne se laisse pas concevoir sans une volonté dominante et là est la véritable base du *Willensdogma*. Un sujet de droit ne peut se comprendre sans une volonté lui appartenant à lui ou octroyée dans son intérêt, volonté dont le titulaire est en situation de réaliser le but d'après son jugement, tant que des intérêts publics ou opposés n'y font pas obstacle. Cette volonté ne peut être reconnue, dans chaque situation, que par une norme de l'organisation juridique qui revêt ses manifestations d'une réalité juridique. L'octroi d'une action est un moyen très fréquent pour atteindre ce but, mais ce n'est pas le seul.

Que la volonté reconnue par l'organisation juridique au sujet de l'intérêt protégé lui appartienne ou non, cela importe peu pour la conception du droit. Bien plus, cette volonté peut être celle d'un autre sujet si l'impératif juridique donne de la sécurité à cette manière de faire valoir, et cela dans l'intérêt du sujet.

Le droit n'est donc pas un *Wollendürfen*, ni un *Wollendürfen* pour soi, mais un intérêt humain dont la réalisation est assurée par un *Wollendürfen*. Les droits se distinguent des intérêts protégés, c'est-à-dire de ceux dont la protection n'est pas confiée à une volonté autonome en face de la volonté étatique, comme dans une donation *sub modo*, une constitution de dot.

(1) Holtzendorff, *Encyclop.*, 4ᵉ éd., p. 407.

De la non-superfluité de la volonté (1) il résulte qu'une foule d'hommes, sans organisation de volonté, ne pourrait former aucune personne, même si ces intérêts sont protégés et reconnus par la loi.

On ne peut appeler sujet de droit celui qui use d'un droit au nom d'autrui, sinon la conception de droit se perd dans de si vagues généralités, qu'elle devient invisible à la recherche scientifique.

L'équivoque du mot droit rend possible cet emploi vulgaire de cette expression; mais en ce sens, le mot droit se confond avec droit de disposition, le curateur userait de son droit et non de celui d'autrui, la conception de sujet de droit se confondrait dans celle de volonté et M. Bernatzik reproche à ce sujet à Bierling (2) d'avoir confondu le sujet de droit et le sujet de volonté.

Nous sommes loin de tout rejeter dans cet exposé et nous reconnaissons volontiers avec lui que l'intérêt et la volonté sont deux éléments nécessaires pour le fonctionnement du droit, comme le dit Bernatzik (3). La volonté et le but ne sont pas deux phénomènes étrangers l'un à l'autre, le but doit être voulu, et ce qui le distingue de la volonté, c'est seulement la proximité, relativement plus grande, de la satisfaction psychique réalisée par son accomplissement vis-à-vis de l'état d'absence de désir.

Mais nous aurons beau repéter avec Jellinek (4) : l'intérêt protégé par le droit ne l'est que par l'intermédiaire d'une volonté humaine; c'est seulement comme contenu possible d'une volonté, qu'un objet du monde extérieur ou qu'une relation devient un objet du monde des intérêts humains; on doit vouloir une chose et une chose doit être voulue pour qu'il y ait des suites juridiques; cela ne donne pas la solution des problèmes posés. Car ici nous sommes sur le terrain des sujets de jouissance et non des sujets de disposition, pour lesquels seule la volonté joue un rôle. Laissons donc, pour l'instant, de côté ce qui la concerne. Ce qui, pour nous, forme le centre du débat, c'est cette affirmation que l'impératif de la loi ne peut entrer en activité que pour la protection des intérêts humains et que ceux-ci, étant les seuls buts en eux-mêmes (Selbstzwecke), sont seuls capables d'être sujets de droits. Considérer que la loi ne doit protéger que les

(1) P. 267.
(2) *Kritik der jurist. Grundbegriffe*, II, p. 30.
(3) P. 232.
(4) *System der subjectiven. off. Rechts*, 2e éd., p. 43.

intérêts humains, c'est d'abord une pure affirmation. Les choses ou les êtres du monde extérieur à l'humanité peuvent être l'objet de notre affection, soit pour l'utilité que nous en tirons, soit par un mouvement de notre cœur qui nous fait désirer leur bien plutôt que le nôtre, ou par un devoir que nous sentons et qui nous fait vouloir leur avantage. Qu'il s'agisse d'une affection désintéressée, ou d'un devoir voulu, il y a toujours là un fait : rien n'est si important qu'un fait et, dans l'espèce, rien n'est moins négligeable. Dans ces deux derniers cas, quand nous considérons ces intérêts en eux-mêmes, que nous leur refusons une simple valeur d'instrument, comme au cas où nous aimons pour elle la divinité, ou un objet matériel pour lui-même, pourquoi ceux-ci ne seraient-ils pas aussi bien protégés alors que l'intérêt humain n'apparaît que comme un moyen par rapport à ces êtres ou choses extérieures? C'est méconnaître la valeur des données psychologiques diverses et arriver à une unité factice.

Mais concevoir les choses ainsi, ce n'est pas encore se placer sur le terrain technique. Bernatzik prétend qu'il n'y a de personne que là où il y a un but en lui-même, un but ultime en quelque sorte. Pourquoi? Je me le demande. La personne morale que personne ne nie, n'est qu'un but moyen, elle n'existe pas pour elle, mais pour des hommes. Il est cependant commode d'en admettre l'existence. Qu'est-elle alors, sinon un procédé technique pour arriver facilement à la protection de certains intérêts humains, ou même autres? Nous croyons donc plus juste d'en revenir à notre conception.

La qualité de sujet de droit appartient aux intérêts que les hommes vivant en société reconnaissent suffisamment importants pour les protéger par le procédé technique de la personnalité. Le substratum essentiel est ici l'intérêt protégé. En le personnifiant, et ici intervient l'idée-force, on lui donne une sécurité non seulement juridique, mais psychologique plus grande, le droit pénétrant en quelque sorte dans le sujet devenant la chose de l'homme ou de l'objet personnifié. Mais il ne faut pas être trop dupe de cette idée. Celle-ci n'est bonne que par ses répercussions dans le monde des non initiés au droit; le juriste doit penser que parfois, les intérêts ayant profondément évolué, il faudra porter une certaine atteinte à cette sécurité pour un plus grand bien (1).

(1) V. notre article, Des modifications aux contrats par volonté unilatérale, dans cette *Revue*, 1907, p. 245 et s.

Reste un point à indiquer : le rôle de la volonté. Nous l'indiquerons un peu plus loin en parlant des sujets de disposition et de leur mission.

III

Tirons maintenant quelques conséquences pratiques des idées techniques que nous avons émises. Nous ne prétendons d'ailleurs pas les présenter, dans notre droit français actuel, comme s'imposant. Il faut constater que la doctrine du XIXe siècle a échafaudé une certaine technique, nette et dure, qui peut rendre des services, mais qui a aussi de terribles défauts, et que les législateurs, les juges vivant dans ces idées ont établi des règles qui s'adaptent bien à elle. Mais cela ne veut pas dire qu'il ne surviendra pas une poussée doctrinale qui fera éclater le vieux moule et reprendre les questions sur de nouvelles bases, et tout d'abord dans la doctrine et la jurisprudence.

Nous ne voyons d'abord aucune raison pour que la qualité de sujet de jouissance soit limitée aux hommes actuellement vivants. Cette conception terre à terre peut être abandonnée parce qu'il y a intérêt à le faire et dans la mesure où il y a utilité à agir ainsi.

Il est établi dans un certain nombre de textes ou de solutions jurisprudentielles que la mémoire des morts, certaines choses auxquelles ils pouvaient tenir de leur vivant, comme la conservation de certains secrets, leur honorabilité, etc., sont protégés (1). Que ces solutions s'expliquent, au fond, par une sorte de solidarité entre ceux qui ont été ce que nous sommes et sont ce que nous serons, par une idée toute spiritualiste de survivance, par une réaction de notre sensibilité, peu importe. Si ces solutions se groupent mieux autour de cette idée technique, que les morts sont des demi-personnes juridiques, qu'ils sont sujets de droit, dans une mesure à déterminer, comme celle de leurs intérêts moraux personnels, nous ne voyons pas pourquoi cette idée ne serait pas admise, sauf à la reviser, à la préciser, quand les solutions qu'elles groupent, ou qu'on en déduit, paraissent peu satisfaisantes. On jugera à propos de les modifier pour des raisons de fond. Cette construction technique paraît plus simple que celle qui consiste à dire, par exemple, que les tombeaux sont la propriété des héritiers, mais avec la charge de les garder avec leur affectation. Mais charge au profit de qui?

(1) V. Timbal, *Condition juridique des morts*, Thèse de Toulouse, 1903.

Même solution, en sens inverse, si nous considérons l'autre extrémité de la chaîne des générations humaines : l'avenir.

Il faut poser ce postulat moral que l'humanité actuelle doit travailler pour l'humanité future : ce qui conduit à dire que techniquement les sujets de droit doivent comprendre autant et plus de personnes à naître que de vivants. Si Taine a pu dire que la société comprend plus de morts que de vivants, on peut dire, avec autant de vérité, qu'elle contient autant d'avenir que de présent.

Rien n'empêche, et bien des raisons recommandent, que les générations futures soient, par rapport aux hommes actuels ou à ceux de demain, titulaires de certains droits. M. Gény a relevé très exactement que, dans plusieurs cas, déjà la loi reconnaissait certains droits aux personnes futures : dans les substitutions (art. 1048, 1050, 1053, C. civ.), dans les donations en faveur de mariage (art. 1082, C. civ.), dans la protection des enfants à naître en cas de déchéance de la puissance paternelle (L. 24 juillet 1889, art. 9, al. 3). Mais ces cas particuliers, reconnus dans un Code où manquent tant les visées lointaines et les larges horizons, ne peuvent être considérés comme des exceptions. Ils impliquent, par une sorte de force même des choses, une utilité générale de la solution que nous indiquons. Une personne ou la loi peuvent faire bénéficier de certains droits des personnes futures. D'ailleurs tous ceux qui résultent directement de la loi ne sont-ils pas assurés non seulement aux personnes actuellement vivantes, mais encore à celles qui naîtront ou seront conçues plus tard? Nous ne voyons donc pour notre part aucun obstacle à la validité des assurances sur la vie au profit d'enfants nés ou à naître, à la validité d'un legs que ferait une personne à chacun de ses petits-enfants nés ou à naître.

Et nous pouvons dire maintenant que la théorie de la personnalité morale ne nous apparaît plus que comme une application de la propriété collective : les copropriétaires étant dans certains cas, comme dans les sociétés civiles, les associés actuellement vivants, dans d'autres, quand il s'agit de communes, d'États, d'associations à but idéal, les bénéficiaires actuels et futurs de cette propriété collective, dans d'autres cas enfin, pour certaines fondations, pour les prix promis à celui qui fera telles découvertes, les bénéficiaires futurs. Celui-là a un droit qui en profite.

Nous ne voulons pas reprendre ici en détail le problème de la personnalité morale. A lui seul celui-ci fournirait la matière d'un volume et il a été excellemment exposé en France dans des ouvrages récents, comme celui de M. Michoud. Nous voulons simplement marquer en quelques traits comment ce problème, qui n'est en réalité qu'une fraction de celui plus général que nous avons abordé, doit se résoudre, d'après nous, suivant la méthode que nous venons d'exposer quant aux sujets de droits.

Nous pensons que M. Planiol (1) a très exactement dégagé un point important, en constatant que « sous le nom de personnes civiles, il faut entendre l'existence de biens collectifs à l'état de masses distinctes possédée par des groupes d'hommes plus ou moins nombreux et soustraites au régime de la propriété individuelle » (2) et M. Berthélemy a précisé avec raison la même idée en disant que les biens sont possédés collectivement, c'est-à-dire par tous envisagés comme n'étant qu'un, de sorte que les personnes réunies ne forment qu'un sujet de droit et que celui-ci est semblable à une personne, mais celle-ci, loin d'être distincte des autres, n'est que les autres prises ensemble (3). M. de Vareilles-Sommières a adopté des idées voisines en disant que la personne morale est censée, pour les seuls besoins de la pensée et du langage, titulaire de droits et d'obligations qui appartiennent en réalité à des personnes véritables (4).

Nous voulons seulement, à propos de ces théories, que nous adoptons, en vertu desquelles la personne morale ne fait que dissimuler les droits des diverses personnes physiques destinataires des biens personnifiés, droits qui sont possédés *collectivement*, préciser un point. Quelle est la situation des personnes dont la réunion est soumise au régime personnifiant? Pour certains (5), c'est uniquement en matière d'association que le procédé de la personnification fictive a été et reste employé; il faut seulement mettre à part, pour le négliger, le cas particulier, propre au droit romain, de l'hérédité jacente. Le mot d'association est, bien entendu, pris ici dans son sens large, où il embrasse la société, et la fondation elle-même ne serait au fond qu'une vaste association. « Les bénéficiaires actuellement vi-

(1) *Traité élémentaire*, 4e éd., t. I, p. 970 et suiv. V. aussi pour la bibliographie et l'exposé des théories, Capitant, *Introduction au droit civil*, p. 107 et 122.

(2) Cf. Labbé, note dans Sir. 81. 2. 249.

(3) *Traité de droit administratif*, 1900, p. 517.

(4) *Les personnes morales*, p. 147. V. de même : Van den Heuvel, *De la situation légale des associations sans but lucratif en Belgique et en France*, p. 42 et suiv.

(5) De Vareilles-Sommières, p. 148 et 630.

vants sont seuls actuellement propriétaires, mais avec charge d'en communiquer la propriété et les services aux bénéficiaires futurs, à mesure qu'ils prendront vie et qu'ils accepteront expressément et surtout tacitement la stipulation pour autrui déposée pour chacun d'eux dans l'acte de fondation ». Et par bénéficiaires, il faut entendre non seulement ceux qui usent en fait des services de la fondation, par exemple les malades pauvres qui sont soignés dans un hôpital, mais tous les hommes qui réunissent dès à présent les conditions requises par l'acte de fondation pour pouvoir user des services de la fondation, si le besoin auquel elle répond vient à se produire chez eux.

Nous croyons que cette construction est souvent exacte, mais qu'elle est trop étroite pour englober toutes les situations possibles. Les diverses personnes qui profitent des biens de la personne morale peuvent être associées, c'est-à-dire groupées pour un avantage commun, comme dans une société commerciale, une association temporaire. Mais elles peuvent être groupées sans qu'il y ait un rapport contractuel ou quelque chose d'approchant, simplement par un fait de solidarité successive, comme le sont les membres qui se succèdent dans une association perpétuelle.

On peut en dire autant au cas où une association a pour but non le bien de ses membres, mais un bien extérieur, comme une association charitable. Ici les véritables sujets de jouissance sont les pauvres à secourir actuellement ou dans l'avenir. Les associés sont de simples sujets de disposition, avec, il est vrai, des pouvoirs particuliers sur lesquels nous reviendrons plus loin.

Cela est encore plus net dans ce que les Anglais appellent les *corporations sole*, qui ont comme unique représentant l'évêque de telle ville et ses successeurs, etc. et dont nous avons eu des exemples en France dans les anciennes menses épiscopales et curiales aujourd'hui supprimées.

Ici le lien de solidarité tient seulement à une succession dans les mêmes fonctions. Il pourrait aussi y avoir des cas où une personne morale n'aurait qu'un seul bénéficiaire. Ainsi on pourrait ériger en personne morale un comité qui aurait reçu une somme importante pour récompenser telle découverte, quand elle sera faite, et si elle a lieu ; tel voyage fait en aéroplane malgré le vent. Il est vrai qu'ici on pourrait plus simplement parler de la personnalité indéterminée du savant qui remplira les conditions indiquées.

Dans ces corporations, la personnalité morale recouvre les

droits du titulaire actuel et des titulaires futurs qui sont, si je puis employer ces néologismes, non dans une communauté contemporaine, mais dans une communauté successive : le bien devant profiter à tous successivement, dans des proportions convenables, le titulaire ne pouvant à aucun moment l'absorber, faire acte d'abus à son profit exclusif, et n'en étant que l'administrateur, mandataire à la fois de lui-même et de ceux qui viendront après lui. Ainsi était conçu autrefois le rôle du paterfamilias romain, qui était un administrateur avec les plus larges pouvoirs, représentant de la famille tout entière, plutôt qu'un propriétaire à la mode moderne, gérant pour lui et à sa fantaisie. Cette solidarité successive met donc au même rang de sujets de droits les bénéficiaires actuels et futurs, sauf que ces derniers n'ont pas la possibilité d'administrer, par la force même des choses. Et alors ceci nous explique l'unité qui existe au fond entre les théories d'apparence si dissemblable sur la personne morale, qui y voient une propriété collective et celles qui, avec Brinz, y voient des droits sans sujet. La première théorie nous paraît seule rigoureusement exacte. Elle explique et le droit des associés et l'obligation qui pèse sur eux de gérer, non pas à leur fantaisie, avec ce petit esprit égoïste qui voit que la vie est courte, qu'il faut se hâter de jouir, mais comme des hommes qui ne meurent pas, qui se sentent les dépositaires d'un bien dont ils doivent compte à leurs successeurs, qui se sentent de simples chaînons dans la suite immense des générations.

Ceux-là agissent, pleins d'une juste confiance, non comme ceux qui se jugent simplement des hommes, simple chose éphémère, mais qui se voient mandataires d'une puissance qui les dépasse et qui donne à l'esprit humain, assoiffé d'absolu, une impression d'éternité.

Mais dans cette conception, la qualité de sujet de droit se trouve semée à l'infini dans les générations présentes et futures : les hommes de demain, comme ceux d'aujourd'hui, étant les propriétaires des biens de la personne morale. Cette qualité, à force de s'étendre, de se répandre jusqu'aux plus lointaines limites, s'évanouit presque ; nous ne trouvons plus des personnes ayant un droit avec cette armature solide, nette que les Romains nous ont habitués à contempler avec leur clair esprit latin, lignes précises qui conviennent parfois si peu à la complexité du monde, si elles conviennent si bien à la structure de notre esprit.

Et les sujets de droit s'estompant ainsi, parce qu'ils se multiplient, comme des individus nombreux qui deviennent la faute anonyme, il n'y a pas si loin de là à dire que les droits sont sans sujet, qu'ils appartiennent à un but (*Zweckvermögen*). Quand les personnes à désigner comme sujets deviennent trop nombreuses, on peut prendre à la lettre le mot de Brinz (1) : « Là où il n'y a personne à nommer comme possédant un bien, il doit y avoir quelque chose pour quoi le bien existe. Il existe pour un but, il y a en eux la pensée immuable du but et en conséquence nous appelons ces biens *Zweckvermögen* ». En montrant ainsi les sujets de droit se multipliant à l'infini, nous laissons voir que nous ne sommes nullement touchés par le reproche de Bernatzik de faire se perdre cette qualité dans un émiettement infini. Celui-ci se trouve imposé à nous par la réalité des choses, ce maître auquel la science du droit doit se largement soumettre. Avant de faire une construction qui réponde au besoin de simplification de notre esprit, il faut s'occuper de la faire s'adaptant à la réalité des choses. Connaître une chose, ce n'est pas seulement projeter sur elle les idées que se forge notre entendement, c'est d'abord en faire pénétrer dans notre esprit une image exacte. Ici elle n'existera que si on tient compte de cette réalité importante : la multiplicité des destinataires.

Ce que nous avons dit ici des personnes qui peuvent se trouver groupées soit dans le temps, soit dans l'espace, soit dans les deux à la fois, sous l'étendard d'une personne morale, nous permet, disons-le en passant, de donner une réalité, forcément vague, il est vrai, à la fameuse distinction qu'expose Savigny entre la corporation et la fondation (2). Pour nous ce sont deux types extrêmes, qui ont chacun un caractère que Savigny n'a pas indiqué. La corporation, composée de personnes actuellement vivantes, vise surtout à des intérêts actuels, la fondation au contraire vise principalement les suites futures des générations. Ce sont elles qui lui servent de support et sont sa raison d'être.

Mais, bien entendu, ce ne sont que des types extrêmes, entre lesquels se placent de nombreux intermédiaires qui, comme le reconnaissait Savigny, sont à la fois fondation et corporation : ce sont les établissements qui ont à la fois pour but, et dans des proportions variables, le bien actuel et des avantages pour les générations futures. L'État rentre dans cette catégorie.

(1) *Pandekten*, 2e éd., tome 1, p. 202, § 61.
(2) *Traité de droit romain*, trad. Guenoux, II, p. 236.

Engagés dans cette voie, nous ne voyons pas de raison pour nous arrêter ici. On considère que le droit est fait pour déterminer les rapports des hommes entre eux, pour assurer à chacun la jouissance de certains avantages. Mais pourquoi limiter l'application du droit à l'humanité? Ici tout le monde, sauf de rares exceptions, se récrie : faire de l'animal un sujet de droit, quelle horreur! quelle abomination! A entendre ces cris, ne semblerait-il pas qu'il s'agit de leur donner quelque décoration et d'imiter Héliogabale faisant son cheval consul?

Mais il ne s'agit pas de cela. Ceux qui font ces critiques ou ont ces sourires placent la question sur un terrain qui n'est pas le sien. Il s'agit simplement de poser une règle technique : est-il commode, pour centraliser des résultats souhaitables, de considérer même des animaux comme sujets de droit? Si une personne veut laisser une rente pour entretenir un animal, n'est-il pas plus simple, plus près de la réalité, de dire que cet animal a une rente, au lieu d'admettre ces procédés alambiqués consistant à dire : on pourra léguer une rente à n'importe quelle personne à charge par elle d'entretenir l'animal? On aura peut-être un légataire sans émolument et sans pouvoir, ce qui est, on le reconnaîtra, bien subtil (1). Le legs avec charge n'est-il pas un de ces procédés que le droit moderne n'a encore qu'imparfaitement analysés et n'est-il pas au fond un legs au moins partiel au bénéficiaire de la charge?

Le législateur ne doit évidemment pas ignorer les abus, les sottises, les vanités folles auxquelles la théorie des animaux sujets de droit peut prêter. Mais c'est à lui, c'est aux juges, en s'inspirant des bonnes mœurs, du caractère déraisonnable de certains actes (v. Code civ., art. 504), à annuler ces dispositions. On pourrait très sagement interdire toute libéralité en leur faveur qui ne serait pas minime, comme on pourrait interdire tout luxe sottement pompeux, ou les funérailles aux dépenses sottement vaniteuses des parvenus. Ce n'est pas à la technique d'en proclamer l'impossibilité scientifique, d'autant plus que cette technique très large que nous préconisons produit ici des avantages. Si le donataire, le légataire avec charge fait de mauvaises affaires, il sera utile de séparer, dans son patrimoine, certains

(1) Sur le point de savoir si les animaux peuvent être sujets de droit, le doute est au moins permis. Comme le disent les *Pandectes belges* (v° Droit, n° 6. Voyez de même, tome II, Introduction par M. E. Picard, p. XVIII), il est difficile de dire, pour les animaux, si on leur reconnaît des droits.

biens qui seront entre ses mains affectés d'une charge, pour dire qu'ils échapperont à ses créanciers et j'avoue ne pas voir de procédé plus simple pour reconnaître ce petit patrimoine séparé que de dire : il y a là un sujet de droit.

L'extension, d'ailleurs, de la qualité de sujet de droit pourrait tout aussi bien, peut-être, être remplacée par d'autres procédés techniques. Car différents instruments peuvent fort bien amener au même résultat. Il suffirait de dire : tout bien qui est entré dans un patrimoine affecté d'une certaine charge reste, ainsi que ceux qui le remplacent par subrogation réelle, affecté de cette charge et il doit être employé à cet effet avant de servir de garantie aux créanciers; il doit même échapper à ces derniers (1). Mais on aurait au fond le procédé technique de la personnification sans le nom. Et ne vaut-il pas mieux, de deux constructions possibles, choisir la plus simple ?

On peut même aller plus loin. Nous ne sommes pas en face d'une capacité d'être sujet de droit qui doit se limiter, naturellement, au point de vue jouissance, à ceux qui peuvent profiter directement du droit, ayant la capacité d'éprouver du plaisir ou de la douleur; nous sommes en présence d'une construction technique, c'est-à-dire d'un instrument de concentration des solutions jugées bonnes. Serait-il déraisonnable qu'un artiste, qu'une personne quelconque léguât une somme pour entretenir tel monument historique, les propriétaires successifs de l'immeuble devant avoir le capital et employer le revenu de la manière indiquée ? serait-il déraisonnable de faire le même legs pour permettre à un autre propriétaire de faire des fouilles sur son terrain ? Et le procédé technique le mieux approprié pour arriver à l'organisation juridique de cette situation n'est-il pas de personnifier le bien en quelque sorte, pour que le capital ne soit pas perdu dans les mauvaises affaires du propriétaire ?

Envisageons un cas voisin. *Natura non procedit per saltus.* La qualité de sujet de droit peut n'exister que partiellement, sous la forme de ce que j'appellerais volontiers le centre d'intérêts.

Tout droit peut avoir pour accessoire d'autres droits qui seront liés avec lui d'une façon plus ou moins indissoluble. Les hypothèques, les cautions ne sont-elles pas les accessoires des créances; les servitudes, les accessoires des immeubles? Et, de façon plus

(1) C'est aux conditions de cette subrogation que nous nous sommes principalement attaché dans notre « Essai d'une théorie générale de la subrogation réelle », *Revue critique*, 1901.

générale, un droit ne peut-il pas être le centre auquel se rattachent d'autres droits ? Ainsi le droit pour un patron d'interdire à son ex-employé de se placer dans un certain rayon ne peut-il être considéré comme attaché à son fonds de commerce et comme passant *de plano* à son successeur (1)? De même, pour le mandat d'un notaire de renouveler une hypothèque. De même la faculté de réclamer une indemnité pour le droit de passage qui a été établi conformément à l'art. 682, pour la mitoyenneté du mur acquis conformément à l'art. 661, pour les drainages, servitude d'appui, écoulement d'eau, ne peut elle pas raisonnablement être considérée comme attachée au droit de propriété sur le fonds et passant à celui qui subit le dommage, c'est-à-dire aux propriétaires successifs? Cette solution paraît raisonnable. De même, dans bien d'autres cas, il est naturel de considérer un droit comme n'étant en quelque sorte que la dépendance d'un autre et à faire de la chose principale une sorte de centre, je dirais presque de sujet de droit.

Sans doute ces termes : sujets de droits, centres de droits, ne sont que des mots, des images, et tout, au fond, dans chaque cas se réduit à une appréciation des intérêts en présence. Mais comme l'esprit humain est ainsi fait qu'il doit se matérialiser et se concentrer les idées par des images, il faut bien les chercher et ensuite choisir celles qui s'approchent le plus près de la vérité, celles dont on tirera le moins de conséquences mauvaises, comme on prend de deux comparaisons, celle qui est la moins boiteuse. C'est un des moyens que nous avons à notre disposition pour satisfaire ce grand intérêt de sécurité qui est en fait un des pivots de la science juridique.

Nous croyons qu'ainsi comprise la notion de sujet de droit, si vigoureusement attaquée par M. Duguit, peut résister à ses assauts. Comprise comme notion touchant au fond du droit, elle mérite des reproches. Mais conçue comme notion technique, souple, comme procédé de connaissance, c'est-à-dire comme moyen d'adaptation aussi parfait que possible de notre esprit aux choses extérieures, c'est un instrument utile malgré ses dangers.

IV

Si un droit peut avoir pour support l'homme, l'être ou la chose à laquelle il est destiné, cela ne suffit pas, pour qui veut se faire

(1) V. *Revue de droit civil*, 1906, p. 169 et Nancy, 14 nov. 1905, *Gaz Pal.*, 19 déc. 1905.

une idée de ce qu'il peut être par rapport au sujet. Car il faut encore tenir compte d'autres éléments pour ne pas s'enfermer dans des conceptions trop étroites.

Avec cette sorte de matérialisme juridique qui a paralysé notre science pendant si longtemps, on disait simplement : un droit a un sujet. Et on ajoutait implicitement : il ne peut en avoir qu'un seul. La solidarité active apparaissait comme une règle alambiquée et qui a toujours dérangé les combinaisons simplistes que l'on avait alors. Mais aujourd'hui il en est autrement; les théories solidaristes, qui ont eu un si grand retentissement dans toutes les sciences sociales, nous ont heureusement éloignés de cet individualisme rigide qui a si longtemps régné; elles nous ont familiarisés avec le caractère complexe des phénomènes et avec ces faits qui répandent autour d'eux comme des ondes sonores de moins en moins fortes.

Cela nous amène facilement à cette idée, que nous ne voulons pas seulement justifier au point de vue technique, mais par un classement satisfaisant des intérêts en présence, c'est que les droits peuvent non seulement reposer sur plusieurs têtes, mais avoir pour titulaires des personnes encore indéterminées.

Il peut être utile de dire que tel bien appartiendra à des personnes futures qui auront telle qualité : par exemple que telle maison servira de cercle pour les ouvriers retraités d'une usine, de refuge pour les orphelines, etc. Il peut être bon de décider que tel bien sera à l'usage de tout le monde sans condition, comme les routes, les voies publiques, ou moyennant certaines conditions : comme les locaux d'un cercle, la bibliothèque d'une association. En pareil cas la propriété se trouvera appartenir non pas à un seul ou à des personnes co-propriétaires par indivis, elle sera en commun de façon indéterminée, « elle sera possédée collectivement », comme le dit fort bien M. Planiol. Chacun en effet est exposé à jouir de la chose concurremment avec cent, cinq cents, mille autres, suivant les cas. On a estimé que la chose s'adaptait mieux à cet usage collectif; il y a une propriété collective, des sujets de droits indéterminés.

Mais, dans ces cas, le droit s'étend de tous ceux qui réellement en profitent à tous ceux qui pourraient être désignés pour en profiter : comme les habitants d'une commune appelés éventuellement à profiter d'un hospice, d'un hôpital qui y a été établi. Nous verrons plus tard que ces personnes, qui n'ont pas la jouissance de fait du droit, peuvent cependant être appelées à exercer certains avantages.

Mais ici n'y a-t-il pas une distinction à faire entre les droits et les effets réflexes du droit et ne peut-on pas dire que ces personnes ne jouissent que d'un droit reflet, c'est-à-dire sont en réalité sans droit? Ihering a déjà signalé que toute loi qui protège notre intérêt ne nous confère pas un droit (1) ; telle disposition, par exemple, qui, dans certaines industries, établit des droits protecteurs profite aux fabricants, les protège, mais ne leur donne aucun droit, il n'y a ici qu'une action réflexe juridique. L'État établit la loi fiscale dans son intérêt, mais celui-ci concorde avec l'intérêt des fabricants. Ceux-ci n'ont pas un droit à l'exécution de la loi, son application ne dépend en aucune manière de leur volonté, ce sont les autorités compétentes qui en décident. Les choses ne sont pas autres, lorsqu'il s'agit des lois administratives et criminelles. Elles nous protègent, mais non dans la forme d'un droit qui nous appartienne en propre, car le droit n'est autre chose que l'intérêt qui se protège lui-même. En France, M. Barthelemy (2) a de même opposé les droits reflets aux droits subjectifs. Ce sont les avantages que les particuliers peuvent avoir à l'observation de la loi par les pouvoirs publics, sans qu'il y ait de moyen juridique pour obtenir cette observation. L'existence de ces droits résulte dans son principe de cette théorie qu'une violation de la loi, même accompagnée de la lésion d'un intérêt, ne suffit pas pour obtenir l'annulation d'un acte, de sorte qu'il y a des lois qui obligent l'administration, sans concéder aux individus des droits subjectifs. Les actes créant des droits reflets sont, d'après lui, absolument inconnus dans la vie juridique des particuliers ; car si l'État se pose à lui-même des règles de conduite, chez le particulier la règle apparaît seulement dans l'acte qui en constitue l'exécution. Et si l'État se pose de ces règles, le citoyen intéressé n'a d'action pour les faire respecter que s'il lui en est concédé par le droit objectif (3).

Nous croyons d'abord cette explication de la théorie beaucoup trop étroite, si on la limite au droit public. Elle peut parfaitement s'étendre au droit privé et Ihering dit lui-même qu'un oncle ayant légué une dot à sa nièce, il n'y aurait qu'un droit reflet, au pro-

(1) *Esprit du droit romain*, trad. Meulenaere, IV, p. 337.

(2) *Droits subjectifs des administrés.* Thèse précitée, p. 16 et suiv., 127 et suiv.

(3) P. 127.

fit du mari de celle-ci ; malgré la communauté d'intérêts entre lui et sa femme, il n'aurait aucun droit au paiement du legs : ce ne serait pour lui qu'un droit reflet (1). On peut dire de façon plus générale que toutes les fois qu'un contrat ou un acte juridique doit en fait profiter à un tiers, sans que le but poursuivi ait été là, il y a pour ce tiers un simple reflet de droit. Ainsi dans un marché de fournitures, le fournisseur est obligé de donner des produits de telle marque. Cela assure au propriétaire de la marque un débouché de plus, mais cela ne lui donne pas de droit subjectif, il n'en a qu'un reflet. Nous pensons qu'au contraire il y aurait toute raison pour reconnaître un droit subjectif, lorsque le but ou l'un des buts a été, en imposant telle clause profitable à un tiers, de favoriser celui-ci : ce serait le cas si on exigeait, dans un marché de fournitures, que les objets livrés portent une marque syndicale, ce qui serait évidemment dans l'intérêt des ouvriers syndiqués et des syndicats, en vue d'assurer l'observation des règles de travail qu'ils veulent imposer.

Les exemples mêmes que nous indiquons montrent notre manière de voir pour distinguer les droits reflets des droits véritables.

Pour déterminer le champ des droits ainsi disséminés sur plusieurs têtes, nous dirons qu'il y a droit subjectif lorsque le but poursuivi est l'avantage de ces personnes, quand il y a cause finale, pour employer un terme philosophique. Mais quand il y a simple causalité, simple résultat, il n'y a alors qu'un droit reflet.

C'est d'ailleurs à peu près ce que dit Orlando (2) : « toute la question est d'interpréter la volonté du législateur, de voir s'il a voulu protéger l'intérêt individuel et en même temps reconnaître la volonté individuelle ou non. Rechercher d'autres critères, écrit-il, est pur exercice académique ». Et Jellinek (3) résume très bien la question : il soutient qu'en cas de droit reflet la loi ne reconnaît pas de propos délibéré, mais rencontre accidentellement un intérêt individuel, et il fait consister dans cette différence le critère substantiel pour reconnaître le droit subjectif du droit reflet. Le critère formel, d'après lui, pourrait consister en ce que, dans le droit subjectif à la différence du droit reflet, une

(1) V. d'autres exemples de droits reflets dans la sphère du droit privé dans Ihering, *Jahrbuch für Dogmatik*, X, p. 247 et suiv.

(2) *Diritto administrativo*, I, p. 132.

(3) *System des offentliches Rechts*, p. 66.

action judiciaire serait concédée, ce qui ne serait pas toujours exact, car il y a des droits publics subjectifs que ne protège pas une action judiciaire.

Cette manière de voir nous paraît préférable, comme allant plus au fond des choses que celles proposées par certains auteurs. Ihering et à sa suite M. Barthélemy, voient au contraire dans le droit subjectif l'intérêt qui se protège lui-même. Ceci se rattache à cette conception générale d'Ihering que lui a inspirée la précision du droit romain : il n'y a d'action que lorsque se rencontrent les conditions qui seules rendent possible une décision judiciaire : « une exacte précision de la personne à laquelle compète l'action, de l'objet auquel elle tend, des conditions qui l'entourent, des effets qu'elle doit entraîner et, le cas échéant, la possibilité de prouver l'existence de tous ces éléments ». M. Michoud très judicieusement ajoute que pour qu'il y ait droit subjectif, il suffit que la réalisation en soit obtenue par un moyen à la disposition du sujet ou de son représentant. Tout en faisant de la volonté un élément indispensable du droit, il n'y voit qu'un élément plus secondaire, parce qu'elle n'est pas la cause du droit et ne réside pas nécessairement dans son titulaire.

Nous irons encore plus loin que M. Michoud en ce qui concerne la réalisation du droit et nous dirons : du moment qu'on veut protéger un intérêt, la mise en œuvre du droit qui est ici admise n'est qu'une question de mise en valeur, de mise en action, secondaire à tel point que non seulement la personne elle-même ou son mandataire conventionnel peut en être chargé, mais que le droit peut être mis en action par un représentant légal ou judiciaire, mandataire non choisi par le titulaire du droit. La mise en œuvre apparaît donc comme quelque chose d'extérieur au bénéficiaire du droit. Dès lors nous aurons à nous demander plus loin, si cette désignation de ce que nous appelons les titulaires d'exercice des droits ne peut être faite par les tribunaux qui, en donnant au droit embryonnaire sa forme pratique, en feront en quelque sorte l'accouchement. En tout cas, s'il en est ainsi, une distinction entre le droit ayant ou n'ayant pas de représentant apparaît comme étant peu profonde, en même temps qu'on en discerne mal la raison d'être.

Nous ajouterons même qu'Ihering est, dans certains passages de ses écrits, plus rapproché des idées que nous défendons qu'il ne le semble. Il fait remarquer que la loi fiscale ne crée pas de droit subjectif pour les particuliers qui en profitent, « car l'État en réalité l'établit dans *son* (souligné dans le texte) intérêt » (1). Il adoptait donc déjà implicitement le critère, fondé sur le but du droit que nous défendons.

Ces indications, auxquelles nous avons été amenés par la nécessité d'établir où il y a un droit subjectif et au profit de qui, n'ont d'ailleurs pas la prétention de traduire le droit positif actuel, ni même un droit idéal. Nous donnons ici une notion qui nous semble rationnelle en général, étant adaptée aux fins que l'on se propose. Mais si l'on veut simplifier les théories, n'accorder à certains intérêts qu'une protection médiocre, on pourra toujours refuser de laisser choisir un mandataire pour représenter certains intérêts en jeu. Le droit en germe périra comme une graine qu'on ne sème point. Ce sont de ces demi valeurs données aux intérêts que les organes du droit positif ont toujours le droit d'admettre. Mais en pareil cas, si l'intérêt ne devient pas un droit subjectif, ce n'est pas pour une raison technique, car le défaut qu'il présente aurait pu facilement disparaître, mais parce que cet intérêt est peu considéré. La loi a pris ce parti mixte de ne pas le frapper d'une déchéance complète et en même temps de ne pas lui donner l'armature solide d'une volonté ayant pour mission de la défendre. Ce sont là de ces intérêts demi protégés qui peuvent être fréquents dans les relations sociales, et dont le droit ne peut donner la traduction sur le terrain juridique que par cette situation intermédiaire d'un intérêt reconnu, mais sans défenseur attitré. Cette dernière expression indique même que dans notre esprit un défenseur ne suffit pas, il faut un défenseur spécial, attitré. Le droit reflet a un défenseur : l'administration, le bénéficiaire direct; mais il lui manque une défense spéciale organisée pour le titulaire du droit reflet. Le titulaire du droit subjectif a ses intérêts à lui, qui peuvent être en conflit avec ceux de celui qui a le droit reflet. Sans doute, dans un droit, dès que la même personne n'a pas à la fois la disposition et la jouissance, il peut y avoir conflit entre l'intérêt de l'administrateur, tuteur, mandataire judiciaire, etc., et celui de l'individu dont le bien est administré. Mais la loi s'efforce d'atténuer ces conflits, en interdisant certains actes, en imposant au tuteur de se faire remplacer par le subrogé tuteur, etc., dispositions sans doute insuffisantes.

Tout cela montre que la protection du droit n'est pas une chose

(1) *Esprit du droit romain*, t. IV, p. 338.

toujours égale à elle-même, qui existe ou n'existe pas. Elle se présente avec son maximum quand le bénéficiaire se protège lui-même ; elle est déjà moindre, si on est défendu par un tiers défenseur attitré et spécial ; elle est moindre encore si ce défenseur représente non pas une personne, mais un groupe où il peut y avoir des intérêts différents, bien que son but soit de protéger tel droit, et non ses intérêts différents, comme un conseil de surveillance qui a pour mission de défendre les actionnaires, mais dont les membres peuvent avoir des intérêts différents s'ils ont pactisé avec le conseil d'administration ou avec des tiers ; enfin elle s'abaisse encore quand on a un défenseur qui peut avoir ses intérêts tout opposés et qui est libre d'agir ou non, qui n'a pas de compte à rendre, ce qui est le cas quand on n'a qu'un droit reflet. Il y a ainsi des nuances qui peuvent encore se multiplier. Le défenseur peut avoir des intérêts similaires à ceux qu'il représente, comme un administrateur de société, ou n'en pas avoir. Il peut être plus ou moins difficile de demander des comptes au représentant. On en demande facilement à un mandataire ordinaire. Mais sera-t-il facile aux bénéficiaires futurs d'en demander aux administrateurs d'aujourd'hui? La loi ne devra-t-elle pas en leur faveur admettre des prescriptions, à raison de nécessités pratiques qu'il est facile de deviner?

V

Si nous croyons possible, pour donner une idée générale satisfaisant aux désiderata de la pratique, d'admettre une théorie si large sur les sujets de droit, ou même les centres de droits, les droits principaux, cette théorie comporte une contre-partie. Au point de vue jouissance, ou plutôt destination du droit, tout peut pour ainsi dire être sujet de droit. Il en est autrement au point de vue exercice du droit(1). Peuvent seules avoir un droit exercice les personnes raisonnables, isolées ou en groupe. Et presque à tout instant un droit doit comporter un titulaire de cette sorte. Il est naturel que les droits soient exercés par celui qui doit en jouir, que le propriétaire n'habite pas seulement sa maison, mais qu'il puisse la faire réparer, l'agrandir, l'échanger contre une autre, etc. : c'est le cas le plus simple, mais ce n'est pas la seule

(1) Voir ces points, Rogain, *la Règle de droit*. Étude de droit pur, p. 393, et Bekker, *Zum Lehre vom Rechtssubjekt*, *Iahrbuch für Dogmatik*, XII, p. 1,

hypothèse à enregistrer. Le titulaire d'un droit jouissance est très variable, il peut ne pas exister encore, ou être un incapable ; d'autre part, il y a le grand principe de l'économie de temps et d'activité, en vertu duquel il ne faut pas que les biens dépérissent, il faut qu'ils aient à tout moment un administrateur avec les plus larges pouvoirs. Enfin il y a un principe de sécurité, en vertu duquel il ne faut pas que les tiers soient dans l'incertitude, faute de pouvoir s'entendre au sujet du bien avec quelqu'un ayant qualité pour transiger, engager les procès, y défendre, etc.

Voyons le jeu de ces deux principes et leur influence en ce qui concerne les sujets de disposition.

Ici, notons-le tout d'abord, nous n'allons plus être en face d'une construction technique, c'est-à-dire de conceptions émises pour rassembler en un tout harmonieux les idées qui semblent les meilleures. La force même des choses va nous imposer les solutions que nous proposons, comme seules adaptées au but que l'on est d'accord pour poursuivre.

Tout droit doit comporter un titulaire d'exercice raisonnable et actuellement vivant. Celui-ci, que l'on qualifierait volontiers d'administrateur, prend bien une partie du droit. Car c'est une morale, un tempérament de doux jouisseur qui fait croire que le plus beau d'un droit, c'est d'en jouir. Pour les caractères énergiques et volontaires, pour les cerveaux solides faits pour le travail et la lutte, le plus beau du droit, c'est de le gagner, de le défendre. Il y a plus de plaisir pour l'homme d'affaires, l'homme actif, à brasser des affaires, à gagner de l'argent, à imposer sa manière de voir qu'à dépenser ou à jouir paisiblement comme quelqu'un de tempérament lymphatique, ce qui lui paraît un idéal de petit bourgeois tranquille et vieillot. Peu importe, il faut passer par dessus cela, et, quitte à découronner parfois le droit de leur plus bel attribut pour le donner à d'autres, il faut ne pas trop tenir compte de ce que la variété des tempéraments, des conceptions de la vie doit apporter de variété dans le domaine du droit. Tout au moins la nécessité nous force-t-elle à distinguer les sujets de jouissance, et les sujets de gestion du droit, quitte à dire que ces derniers ont parfois le plus beau de la jouissance du droit.

Bien que le sujet de disposition d'un droit soit en un certain sens déjà un sujet de jouissance, que les deux qualités se cumulent aussi souvent de façon complète, il est nécessaire, pour la clarté et l'intelligence des questions, de les distinguer et de les opposer. Cependant cette nécessité d'exposition ne doit pas nous tromper. Il est possible parfois que le sujet de disposition ait le plus fort du droit.

Dans certains cas, celui-ci, quand il n'a que ce titre, est un simple administrateur, comme le serait un tuteur, un curateur à succession vacante, etc.

Mais si nous sortons de ces cas simples, nous voyons souvent les droits du sujet de disposition s'accroître extraordinairement. Si un comité a été établi pour gérer une fondation consistant en une bibliothèque, un musée, il a par fonction non seulement à réparer, à gérer les biens, mais à déterminer comment chacun pourra jouir de la fondation : il fixera les heures d'ouverture, les prêts de livres au dehors, etc. C'est grâce à son autorité que le droit collectif en faveur des bénéficiaires de la fondation va se décomposer en droits individuels qu'exerceront les personnes désignées par le fondateur. Cette autorité se trouvera en fait particulièrement puissante, si le sujet de disposition a en face de lui non pas des sujets de jouissance organisés, comme les membres d'une association, d'une société par actions qui se réunissent périodiquement en assemblées générales, mais des groupes inorganiques, comme le public qui doit fréquenter une bibliothèque, un musée. Aussi voit-on si souvent dans un service public les bénéficiaires, sujets de jouissance, n'être rien devant les directeurs du service, sujets de disposition, spectacle évidemment étrange, mais découlant de la nature même de la situation.

Ici apparaît nettement l'insuffisance de la simple opposition des droits subjectifs et des droits reflets, tels qu'ils sont ordinairement présentés. Car il y a lieu de distinguer deux cas : le cas où une personne jouit d'un avantage par simple ricochet, comme le fabricant d'un objet qui profite d'un impôt sur un objet similaire, impôt établi dans l'intérêt de l'État et non dans le sien ; ensuite il y a l'hypothèse où une fondation, une bibliothèque, un musée existent dans l'intérêt des bénéficiaires, des lecteurs, des visiteurs. Ceux-ci, par la force même des choses, que les administrateurs soient qualifiés leurs représentants ou non, se trouvent dépourvus de la gestion. La gestion leur sera toujours extérieure. Ils pourront peut-être saisir les tribunaux de leurs réclamations dans certains cas, ce qui leur donnera les apparences d'un droit subjectif, mais dans le jugement le tribunal fera acte de gestion, dès qu'il ne se contentera pas d'appliquer purement et simplement le statut de la fondation ou de la corporation (lequel est en général vague et de portée limitée). Nous arriverons donc toujours à ce même résultat : le bénéficiaire sera en face d'une gestion extérieure. Il aura un droit tout armé, qu'il pourra mettre en jeu, mais cela dans une mesure limitée. Cela tient à ce que, contrairement aux vues en quelque sorte matérialistes qui ont trop dominé la science juridique, un droit peut parfaitement avoir une certaine inconsistance, une certaine indétermination de son contenu, lequel sera fixé par *voie d'autorité* par les tribunaux. Il y aura, dans ce stade, un droit qui tiendra moins du droit reflet que du droit subjectif ordinaire.

Le droit des sujets de disposition s'accroît également de façon spéciale lorsque ceux-ci ont à faire, non pas une gestion réglée par des nécessités de fait, comme entretenir un monument (et n'y a-t-il pas bien des façons de l'entretenir ou de le restaurer?), mais à donner à cette gestion une certaine direction : la commission d'un musée, d'une bibliothèque devant l'accroître et pouvant par suite le faire dans tel ou tel but : visant plus à l'éducation artistique générale qu'au sauvetage d'œuvres d'art local, visant plus à faciliter les recherches historiques des lecteurs qu'à encourager leurs goûts pour la littérature pure ou les sciences, etc.

Combien plus grave est encore le droit du sujet de disposition, quand il a autorité pour déterminer quels seront effectivement les sujets de jouissance, comme la commission d'un hospice qui détermine nominativement les vieillards à hospitaliser, l'association qui, décernant des prix, détermine quels sont les plus méritants pour les recevoir. Ici le sujet de jouissance s'affaiblit devant l'autre, au point que son seul bénéfice peut être d'avoir obtenu son suffrage : comme dans le cas d'un diplôme d'honneur, d'une mention, ou de toute autre récompense purement honorifique accordée. En un mot, le sujet de disposition devient une véritable autorité sociale, qui, vu sa puissance, agit bien plus à la façon d'une autorité que d'un simple particulier contractant.

Si les choses sont simples lorsque le titulaire de jouissance est en même temps le titulaire d'exercice du droit, les questions se multiplient lorsqu'il en est autrement.

D'abord, lorsque le titulaire de la jouissance existe, mais est incapable, la loi lui a organisé un système de gestion : c'est la tutelle des mineurs et des interdits, l'administration légale du père. Ensuite, dans divers autres cas où le titulaire de la jouissance est inconnu ou n'existe pas encore, la loi ou la pratique ont organisé une gestion. Il en est ainsi pour les biens de l'absent, pour le cas de succession vacante (curateur à succession vacante), pour celui de substitution (tuteur à la substitution).

Dans une série d'autres hypothèses, la loi a confié la direction de patrimoines communs à des administrations. C'est ainsi que l'État, les départements, les communes gèrent les différentes voies de communication, que les bureaux de bienfaisance, les commissions des hospices administrent le patrimoine des vieillards, des pauvres et des malades. Cette gestion appelle une observation. De ce que les titulaires d'exercice d'un droit ont été déterminés pour plus de simplicité, la gestion étant organisée par eux dans l'intérêt des bénéficiaires présents et futurs, il n'en résulte pas que ceux susceptibles d'être titulaires actuels soient complètement exclus du droit d'agir dans l'intérêt commun. Outre leurs intérêts personnels, ils peuvent parfois défendre ceux du groupe dont ils font partie. C'est ainsi que tout contribuable d'une commune peut agir au nom de celle-ci, intenter en son nom un procès (L. du 5 avr. 1884, art. 123). De même certains particuliers peuvent, à défaut du ministère public, mettre en mouvement l'action publique (C. instr. crim., art. 70 et Cass., 8 déc. 1906, S. 1907. 1. 377). Un groupe représentant le vingtième des actionnaires peut exercer l'action sociale contre les administrateurs dans les sociétés anonymes.

Ces résultats apparaîtront comme des exceptions à ceux qui en sont encore à l'idée vieille et simple du titulaire unique de tout droit. Mais nous sommes convaincu que cette technique primitive ne correspond plus au classement que nous faisons aujourd'hui des intérêts en présence. Nous marchons de plus en plus vers cette idée grosse de conséquences politiques et sociales, qu'il faut mettre les bénéficiaires d'une situation à même de les défendre eux-mêmes ; c'est un fait que je constate, sans vouloir l'apprécier, car j'y vois le germe à la fois de certaines mesures qui touchent à la démocratie directe et peut être un peu aussi au syndicalisme.

On peut se demander, et nous nous réservons d'aborder plus tard par ailleurs ce problème, s'il n'y a pas un conflit entre cette conception qui protège la sécurité des bénéficiaires et la conception ancienne qui résulte de l'idée de simplification dans les rapports juridiques. En tout cas, constatons que la seule armature technique que nous ayons ici à notre disposition, pour exprimer ce droit collectif qui peut être exercé judiciairement par tous, est celle de la solidarité active, sauf à voir comment on peut la faire fonctionner, de façon à concilier, dans la mesure du possible, les intérêts divergents qui se trouvent en présence.

VI

Nous arrivons maintenant à la dernière application de cette idée que tout droit comporte un titulaire d'exercice. C'est que, quand cela est nécessaire en fait, les juges, à la demande de tout intéressé, ont qualité pour désigner ce titulaire s'il n'en a pas été désigné un par la loi (1). Ainsi ils auront qualité pour désigner un administrateur provisoire à une succession dont on recherche les héritiers. Si une fondation est faite en faveur de telle catégorie de personnes, ou si on a déclaré dans un testament fonder des prix au profit de telle classe d'individus, sans plus préciser, les tribunaux auront qualité pour ordonner que tel collège, telle commission, telle personne administrera les biens et présidera à la distribution des secours.

Il n'y a qu'une exception; c'est lorsque ce travail a été fait par avance, la loi ayant créé des administrateurs pour gérer les biens des bénéficiaires indéterminés; c'est le cas pour les donations faites aux pauvres, ceux-ci étant représentés, ou plutôt leurs droits étant gérés par les bureaux de bienfaisance.

La solution que nous admettons ici est en réalité présupposée par celle d'une autre question plus générale qui est la suivante : quel est le rôle des tribunaux? Le juge est-il simplement chargé de constater des faits contestés, et de dire le droit en présence de ces faits? A-t-il simplement pour mission d'apprécier les preuves et de déduire les conséquences juridiques des points qui lui sont soumis, ou au contraire n'a-t-il pas en outre pour devoir d'assurer le fonctionnement convenable des intérêts en présence? Ne peut-il pas faire œuvre d'administration des intérêts privés, lorsqu'il en est sollicité, prendre des mesures dans une certaine fin, de telle sorte que ses jugements ne procèdent

(1) Et, à notre avis, tous ceux qui ont un *intérêt* ont par exception le droit d'agir pour faire désigner le titulaire d'exercice, car l'ordre public est en jeu. Le Code applique ces idées pour le cas de succession vacante (art. 812) ou de mineur sans tuteur (art. 406). L'art. 491 donne de même un droit au ministère public en cas de fureur : ce qui est une idée analogue, et simplement une conception un peu différente de la même idée. Mais il y a au fond de tout cela une idée générale que la jurisprudence a déjà largement appliquée avec sa théorie des administrateurs judiciaires.

pas seulement de façon simplement déductive, mais soient dirigés vers un but : gérer convenablement les intérêts qui, par suite des circonstances, ne peuvent recevoir satisfaction ?

Déjà la loi confie au juge cette mission dans les cas les plus graves : administration des biens des époux pendant la procédure de divorce, liquidation des successions vacantes, autorisation d'aliénation pour des biens de mineurs, des biens dotaux. La jurisprudence a marché dans cette voie avec le développement considérable donné aux administrateurs judiciaires. C'est qu'en effet on n'a que le choix entre deux solutions : la première consiste à laisser aux tribunaux une mission précise et limitée, les intérêts privés qui n'ont pas revêtu l'armature nécessaire se trouvant par là sacrifiés, mais les juges n'ayant besoin que de discerner les faits et d'appliquer la loi. Cette solution peut être acceptée par ceux qui mettent la précision dans les rapports sociaux au-dessus de tout. Elle est fatalement condamnée, si on tient compte de l'immense appel de la conscience humaine vers le mieux.

Avec la seconde on donne sans doute au juge une tâche écrasante : apprécier le mieux pour les intérêts de chacun, il faudra qu'il ait des idées, un système, la pratique des affaires. La solution est grave, mais c'est ici le cercle de difficulté dont on ne peut sortir. Nous croyons donc que, malgré tout, il vaut mieux étendre le pouvoir du juge, en lui permettant de donner un représentant aux intérêts qui n'en ont pas, lorsque par ailleurs ne s'élèvent pas de trop graves objections spéciales.

VII

La distinction que nous avons ébauchée entre les titulaires de jouissance et les titulaires d'exercice des droits, nous amène à faire pour ces derniers deux remarques. Le titulaire d'exercice d'un droit peut être déterminé par la loi ou par acte conventionnel. C'est alors un représentant. Il y a ici le phénomène de la représentation dont le caractère est si complexe. Il nous semble qu'il consiste moins dans son essence à faire d'une personne le porte-parole d'une autre, qu'à faire participer une personne à l'exercice de mon droit, que, moi bénéficiaire, je puisse également l'exercer ou non. Dans le premier cas, si je suis capable de l'exercer, à moins de clause spéciale, il y aura une véritable solidarité active ; dans le second, un complément assuré à mon droit, qui ne pouvait être exercé. Le centre de la théorie dite de la représentation doit donc être l'idée de l'exercice du droit ne se confondant pas pleinement avec sa jouissance.

Nous croyons cette explication de nature à éclairer le phénomène qui est fort obscur. M. Planiol l'indique sans l'expliquer; M. Hauriou (art. précité, p. 16 et 22) la rattache au pouvoir que possède le représenté sur le représentant, le phénomène ne fonctionnant d'abord qu'entre le chef de famille et ceux sous sa dépendance (personnes *alieni juris*, esclaves), puis ayant été reconnu pour le représentant *extranea persona* sur qui on pouvait aussi avoir un certain pouvoir. Le pouvoir entraîne réellement fusion des volontés subjectives, il est essentiellement domination d'une volonté sur d'autres, et c'est pour cela que, suivant lui, les Romains, qui ont toujours admis la représentation dans le cercle de la famille, l'ont admis si difficilement en dehors. Cette explication, malgré son fondement historique, nous semble peu satisfaisante ou du moins incomplète, car s'il y a pouvoir du représenté, il y a au moins autant pouvoir du représentant. Ces deux choses se balancent et se rendent mutuellement supportables. Mais ce n'est encore là que le substratum pratique sur lequel nous bâtissons notre explication de la représentation.

L'avantage de notre conception technique, c'est de faire comprendre que le mandant ne se dépouille pas tout entier et qu'il peut encore traiter lui-même valablement l'affaire pour laquelle il y a un mandataire, du moins dans le cas de mandat conventionnel. D'autre part, elle a l'avantage de nous faire abandonner toute cette vieille technique des mandats légaux ou judiciaires, qui reposent sur les volontés fictives, en réalité inexistantes, des représentés.

Au fond, dans ces cas, il y a sous le nom de représentants légaux ou judiciaires, des titulaires d'exercice, dont le droit va souvent jusqu'à l'acte de disposition, ou même l'acte d'autorité : comme la commission administrative d'un hospice qui détermine quels vieillards de préférence à d'autres seront admis.

Mais, comme tout abus doit être évité, qu'il ne faut pas porter atteinte à la sécurité des bénéficiaires, à l'égalité qu'il doit y avoir entre eux en cas d'identité de situation, un organe de surveillance s'impose, qui est naturellement le bénéficiaire, s'il est vivant et capable, ou ses mandataires ou sinon des organes spéciaux créés par la loi s'il est subrogé tuteur, conseil de surveillance, etc.

Cette idée pourrait être l'origine d'améliorations importantes, dans la surveillance des fondations, des biens communaux, etc., de créations de véritables syndicats d'administrés intervenant avec un pouvoir légal près des pouvoirs publics, comme le sont déjà en fait et accessoirement les sociétés des amis de tel ou tel monument (amis de Versailles, du Louvre).

VIII

La rapidité, la facilité des transactions impose que tout droit comporte un titulaire d'exercice, qu'il y ait quelqu'un pour le défendre à tout moment, si la nécessité s'en fait sentir. Mais cela n'est pas suffisant. La commodité des affaires exige encore que ce titulaire d'exercice soit facilement connu de ceux qui peuvent avoir à traiter avec lui, qu'une action ne soit pas dans l'impossibilité d'être exercée faute d'un titulaire à attaquer, qu'une transaction ne soit pas impossible, faute d'un titulaire avec qui traiter. Ainsi, pour la purge d'hypothèques, on a considéré celui chez qui domicile est élu, comme ayant qualité pour recevoir les actes de purge (art. 2183, C. civ.). Ce système est resté isolé, mais combien serait féconde l'initiative consistant à généraliser cette pratique du mandataire à portée des tiers avec qui on a affaire comme le mandataire des obligataires, le mandataire des créanciers, etc.!

Quand un droit n'est destiné qu'à une brève existence, comme celui résultant d'une lettre de change, d'un billet à ordre, peu importe que les tiers ou le débiteur même de l'effet ignore qui en est actuellement titulaire et ne puisse traiter avec lui pour racheter l'effet ou pour toute autre opération. La situation est regrettable sans doute, mais elle ne doit pas durer longtemps. C'est trop demander que de vouloir une perfection pour ainsi dire mathématique de la législation de façon à donner satisfaction aux intérêts les plus fugitifs. On ne peut pas dépenser un pareil effort pour un si minime résultat.

Mais lorsqu'un droit doit vivre longtemps, comme celui d'un porteur d'obligations, de parts de fondateur, etc., l'utilité d'avoir non seulement un sujet de disposition, mais une personne connue de la société débitrice, avec qui elle puisse traiter même des questions les plus graves, au mieux des intérêts de tous, se fait beaucoup plus sentir. Quelles difficultés ne rencontrent pas les États, les sociétés voulant passer des concordats amiables avec leurs créanciers, faute de pouvoir les trouver, les réunir en assez grand nombre ! Sans doute, ce mandataire des créanciers étant choisi par eux, en un sens la difficulté ne fait que se déplacer, celui-ci ignorant souvent où sont ses mandants. Mais il a de larges pouvoirs, s'il a été choisi par eux comme étant un des intéressés les plus importants; alors il n'a qu'à agir au mieux et il engagera sa responsabilité s'il ne le fait pas.

De même, et ici la lacune a été heureusement comblée par les tribunaux, quand le titulaire d'un droit est incertain, quand des biens risquent d'être à l'abandon, il faut que les tiers trouvent à qui parler, et il est indispensable qu'ils puissent rencontrer un administrateur. La jurisprudence, en en créant un très grand nombre, a donc fait plus que d'assurer la conservation de biens mal gérés ou abandonnés, elle a pourvu à l'intérêt général qui veut que tout droit important ne reste pas longtemps démuni d'un titulaire d'exercice.

La théorie des sujets de droit nous amène à aborder par un côté plus général une question qui jusqu'ici n'a pas été prise sous ce jour, lequel est à notre avis de nature à lui donner une certaine clarté.

Le principe que nous proposons comme moyen de découverte et comme procédé de concentration de solutions souhaitables est le suivant : tout droit doit avoir un sujet d'autorité et de disposition. J'entends par là que, lorsqu'un droit existe, il doit y avoir une ou plusieurs personnes, ou un collège ayant qualité pour faire, par rapport à ce droit, tous les actes même les plus graves. Il ne suffit pas qu'un droit ait un administrateur pouvant faire ces actes au caractère un peu étroit que l'on appelle les actes d'administration. Il faut encore que tous les actes imaginables par rapport à ce droit soient possibles. Sans doute certains peuvent être interdits pour des raisons de fond, mais aucun pour des raisons de forme. Ainsi la loi a bien admis que tout bien pouvait être exproprié pour cause d'utilité publique, si inaliénable fût-il.

De même il conviendrait d'admettre qu'avec l'assentiment des tribunaux ou de certaines personnes établies à cet effet par la loi, le sujet d'exercice d'un droit pourra aliéner même les biens les plus inaliénables, comme le Code l'a prévu à propos des immeubles dotaux (art. 1558) ou des immeubles des mineurs (art. 457).

De même, lorsqu'il s'agit d'assurer la jouissance d'un droit concédé à des personnes insuffisamment déterminées, comme les ouvriers les plus méritants, il faut qu'il y ait à tout moment une personne raisonnable et vivante pour déterminer les bénéficiaires.

Cette idée élémentaire, basée sur des raisons d'économie de temps, peut produire dans certains cas des conséquences importantes; elle conduit même logiquement à admettre la modification des actes juridiques les plus certains par suite d'une volonté étrangère ou de la volonté d'une des parties au contrat. Nous croyons cependant ce principe admissible et nous croyons qu'il peut se combiner avec le principe de la sécurité dont a besoin tout titulaire d'un droit, suivant une certaine donnée que je me contente d'indiquer ici. On se préoccupera surtout du but à atteindre. Le droit ne peut pas toujours y parvenir d'une direction nette et rectiligne : il est obligé parfois d'y parvenir, par des procédés détournés.

Ce serait à la législation à préciser dans quels cas et sous quelles conditions la nécessité d'avoir une personne ayant qualité pour représenter les autres, pourra ainsi modifier gravement leurs droits. Cette solution, à y réfléchir, est très admissible, puisqu'elle existe déjà dans certains cas : c'est ainsi que la majorité des créanciers représente l'unanimité pour voter un concordat après faillite, que les actionnaires réunis en assemblée extraordinaire représentent l'unanimité des associés pour modifier les statuts dans les clauses non fondamentales de la société. Ces solutions contiennent en germe les idées que nous avons déjà développées par ailleurs sur les modifications des actes juridiques par volonté unilatérale (1).

R. Demogue.

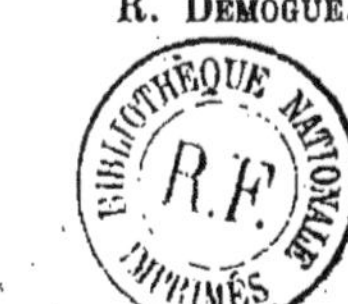

(1) V. *Revue*, 1907, p. 245.

www.ingramcontent.com/pod-product-compliance
Ingram Content Group UK Ltd.
Pitfield, Milton Keynes, MK11 3LW, UK
UKHW012111240726
13965UKWH00004B/1693

9 782013 053877